人生の教科書

[人間関係]

藤原和博

筑摩書房

ちくま文庫

人生の教科書［人間関係］――目次

II　お金でもなく名誉でもなく

あなたのチカラの半分は、
他人のチカラで成り立っている。

編集協力　五反田正宏（五反田制作所）

文庫版のための前書き　豊かさって何だろう？

会社経営の世界では「『ヒト』『金』『もの』『情報』『時間』が資源であり、それらが豊かである会社が資産の豊かな会社である」という評価が定着しています。

だとすれば、個人の人生についても同じことが言えるんじゃあないでしょうか。個人の人生の経営、すなわちライフマネジメントの世界でも、「ヒト」「金」「もの」「情報」「時間」という資産の蓄えが豊かなことを「豊かな人生」という。

じつは、経営の原則は、何を一番大事に思うかという「心もち」の問題を除いて、そのまま個人の人生にも当てはまるものなのです。

「金」と「もの」が豊かな人生は想像しやすいですね。

六本木ヒルズか田園調布に住んで、毎日高級レストランで食事をするかコックさんを雇って料理を作らせ、ベンツやベントレーやポルシェ、はたまた運転手付きのロールスロイスに乗って、週末は軽井沢の別荘で過ごすライフスタイル。

「情報」と「時間」が豊かな人生も想像に難くないでしょう。

パソコンやケータイを通じて世界の第一級の情報が刻々と入手でき、それによって投資も的確にできるから資産が確実に増えていくので、あくせく働かなくてもいい人生。遊べる時間が10倍で、夏休みはゆうに2カ月はあるという生活です。

では「ヒト」との関係が豊かな人生というのは、どうでしょう。

「金」リッチは「金持ち」、「もの」リッチは「もの持ち」といいます。でも「情報」リッチは「情報持ち」とは言わないで「情報通」といいますね。時間リッチも「時間持ち」とは言わずに「余裕のある人」と表現します。

「ヒト」についても「ヒト持ち」とはいいません。

「ヒト」に対する感受性が豊かで、困ったときに助けてくれるヒトが多い人。なぜか周囲の引き立てがあって、本番にも強い人。さまざまな人間の織りなすネットワークによって背後から支えられているように見える人。

そんなイメージの人が、確かにいます。

人脈が豊富というような、ちょっとだけ、いやらしさが漂うものとは違う。かといって、ただ単に週末にキャンプに行くお友達が多いというのではない。ケータイに記憶させた住所録や電話番号が多いというだけでもない。ましてや、自分のブログやメルマガの読者数を誇るのでもない。「ヒトたらし」とか呼ばれて、自分が利用したい有名人を必ず口説き落とす技術でもないし、お礼状の書き方や接待の仕方が上手いというわけでもない。なんとなく、味方が多い人。

これ以上の定義の仕方がないし、呼び名も決まっていないから、もしかしたら、人生の目標には、しにくいものなのかもしれません。

でも、よく考えると、「ヒト」という資産を蓄積しながら生きるのが、一番できそうな気がするんですけど、違うでしょうか。

「金持ち」でも「もの持ち」でもないが、かといって「情報通」でもなく、それほど「余裕のある人」でもない。

でも「ヒト」との関係を豊かに蓄積し続ける人生はイメージできそうですね。

「人間関係」を豊かに育むこと。

「人間関係」という無形の資産を蓄積していくこと。

「人間関係」を裏切らないことを第一義として生きること。

これなら、なんとか、できそうなんじゃあないでしょうか。

この本は、そんなあなたのために書かれた「幸福論」です。

重要なのは、何でも自分でできることではありません。いちばん質の高い情報を持っているのは誰かを知っていて、その人にどんな局面でもアクセスできることです。つまり、必要なときにいつでも他人のチカラを調達できること。

そのためには、自分の周りの人間関係、つまり「自分ネットワーク」が豊かであることが必須です。

でも、「人脈づくりが大切ということですか?」と、早合点しないでください。「人脈」ができると期待して、異業種交流会に参加する人もたくさんいます。セミナーの立食パーティーで、せっせと名刺を配りまくる人もいます。しかし、ひたすら大勢の人に会って名刺をコレクションしたとしても、それだけではあなたのチカラにはなってくれません。

このことは自明なようにも思えるのですが、実際には、名刺交換をしただけの人を「人脈」に加えてしまう人はけっこう多いようです。

私自身が名刺を受け取る側の立場からいわせてもらうと、異業種交流会などで名刺と多少の情報を交換した程度では、家に帰ってから名刺を整理する時点で相手のキャラクターのことをほとんど覚えていないことが多い。お互いの記憶の中に印象が残らない限り、ネットワークにはなりません。

大切なのは「人脈」じゃなくて「自分ネットワーク」。

その違いを一言で説明すると、出会いに〝!（感嘆符＝びっくりマーク）〟がついているかどうかという点に尽きます。

情報として価値があるのは「アッ！」「イイねえ！」「ウッソー！」「エーッ！」「オぉ！」という「ア・イ・ウ・エ・オ」に、小さな感動を表す〝！〟のついたものだけだ、ということ。

人間関係においても、そのような〝！〟マークがついたものでなければ、お互いの記憶には残らないでしょう。逆に、人間の脳味噌には、どんなに小さくても、感動の〝！〟マークをともなって経験したものならば、しっかり記憶に残るもの。

あなたの人間関係の一つひとつが〝!〟をともなっているとき、それは必ず、あなたの人生を豊かにする「自分ネットワーク」になるはずです。

それに、自分ひとりのチカラでできる仕事よりも、誰かのチカラを借りなければならない仕事のほうが、何より、やっていて楽しい。いろいろな〝!〟を共有することで、エネルギーの交流が生まれるからです。

本書がイラストレーターの塩田雅紀さんとの共同製作となったのは、まさにこの理由からです。

つまり、どんなに小さなことでもいいから〝!〟をともなう出会いが作れること、〝!〟印の人間関係を築けること。それが、豊かな人生を約束するのです。

人間の実力は、個人に内在するものがすべてではありません。他人の実力とどうリンクしているのかという「自分ネットワーク」がその本質。会社の実力だって、関連会社を含めた連結決算で決める時代でしょう。

「自分ネットワーク」とは、互いにチカラを引き出し合う「人間関係」にほかなりません。この本を片手に、あらゆる機会に豊かな「人間関係」を育んでください。

I

世界中に「自分ネットワーク」を広げる方法

Question 1

「自分ネットワーク」を作るにはどうすればいいのか

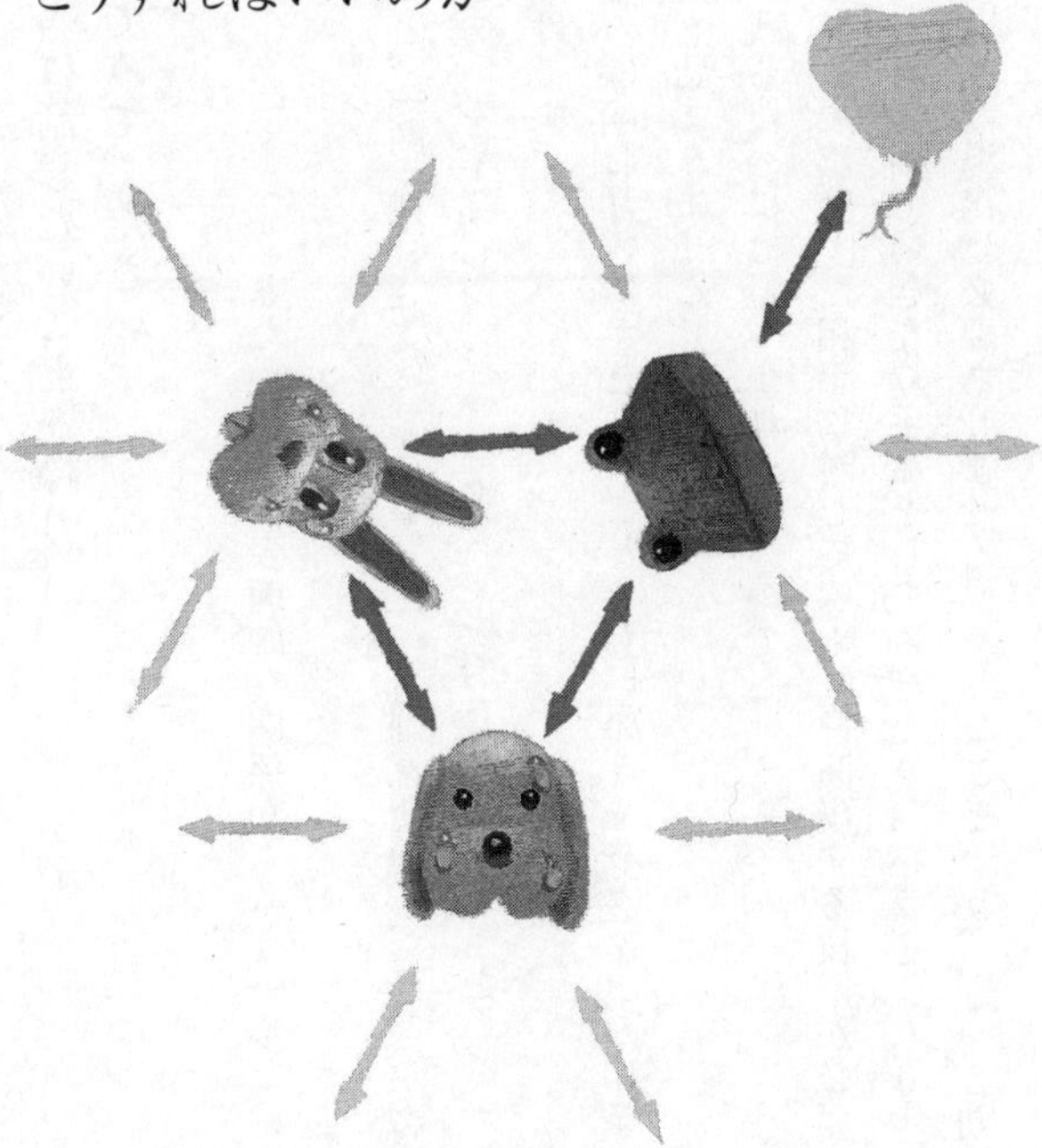

「問いかける」ことで感動が生まれる。

話し手が本当に話したいことを探り

それを聞いてみてください。

「自分ネットワーク」をつくるためには、表面的な関係からもう一歩だけ踏み込む必要があります。

具体的にいうと、「顔を合わせたことがある」「名刺を交換したことがある」という程度の浅いつきあいを卒業し、「キャラクターをお互い理解できている」という関係に発展させるわけです。

ここで大切なのは「お互いに」ということ。互いのキャラクターが相手の記憶に残らなければ、何も始まりません。

では、記憶に残るためにはどうすればいいのでしょう?

そのためには、まず出会った相手に対して〝!〟を演出する技術が必要になります。

だからといって、目の前でいきなり手品をしてみせたり、バラを100本届けたりするような奇をてらった演出は必要ありません。そんなことより、もっと効果的なことがあります。

それは「問いかける」こと。

こういう話があります。

ある人がマスコミの取材を受けていました。

疲労がたまっていたからでしょうか、当初、彼はあまり取材に乗り気ではありませんでした。ところが、インタビュアーがいい質問をするので、ついつい余計なことまで話してしまい、取材が終わりに近づくころには、今まで誰にも語ったことのないような話までしてしまいました。

実はこれは私のことです。

インタビュアーの「問いかけ」が刺激となって思考が深まり、当人さえ驚くほどの「的を射た発言」が口をついて出てくる。こんなとき、問いかけた相手に対して、感謝の気持ちすら生じます。

「あっ！　私はこう考えてたんだ！」と〝！〟がたくさん飛び出すので、質問者のことが記憶に残るわけです。

ときどき「よくぞ聞いてくれた！」「それを話したかったんだ！」という質問をす

る人がいますよね。こういう人は、例外なくネットワークづくりがうまい。

つまり、感動の〝！〟は、質問の〝？〟から始まる。

このことを胸に刻んでおいてください。

では、どんな「問いかけ」をすれば相手は感動してくれるのでしょう。

答えはケースバイケースなのですが、勘所はある。

それは「相手がいちばん話したいこと」を想像するということです。これは私がいつも心がけていること。

たとえば、だいじな取引先に会うときは、事前に相手の会社のウェブサイトを見て最新トピックスを仕入れておく。面談の冒頭で「このことについてもう少し詳しくお聞かせいただけませんか？」と問いかけると、たいていの人は「よくぞ聞いてくれた！」と感心して会話が盛り上がります。

会話の中で、相手が話したいことを探して「問いかけ」ができるようになると、ぐっと会話が深まって、個人的な人間関係も深まります。

問いかけることで、「相手は何をいちばんしゃべりたいのか」「何者だと認めてもらいたいのか」を探っていく。これがコミュニケーションにとって非常に大切なこと。人間関係のコツといってもいい。

裏を返せば、「問いかけ」は愛情の表現でもあります。問いかける相手に関心がなければ質問しませんよね。相手の話を注意深く聞いて、そのキャラクターを十分につかもうとするから、湧き出すように次の質問もでてくる。

「問いかけ」「問いかけられる」コミュニケーションを連続してくり返すと、問いかけられた相手からも「感動」や「愛情」が返ってきて、エネルギーの交流が起こります。エネルギーの交流が起こると、相手との関係は確実に深まる。

ある話題をキッカケに相手が猛烈に語り始めることもあります。

1時間のミーティングのうち50分以上、相手がしゃべるのを聴くことになる場合もあるでしょう。飼っているペットの話かもしれないし、恋人と出会ったときの話かもしれない。でも、それが、あなたと相手の距離がグンと近づく前ぶれ。「自分ネットワーク」の始まりだと考えてください。

Question 2

人間関係を楽しむコツって？

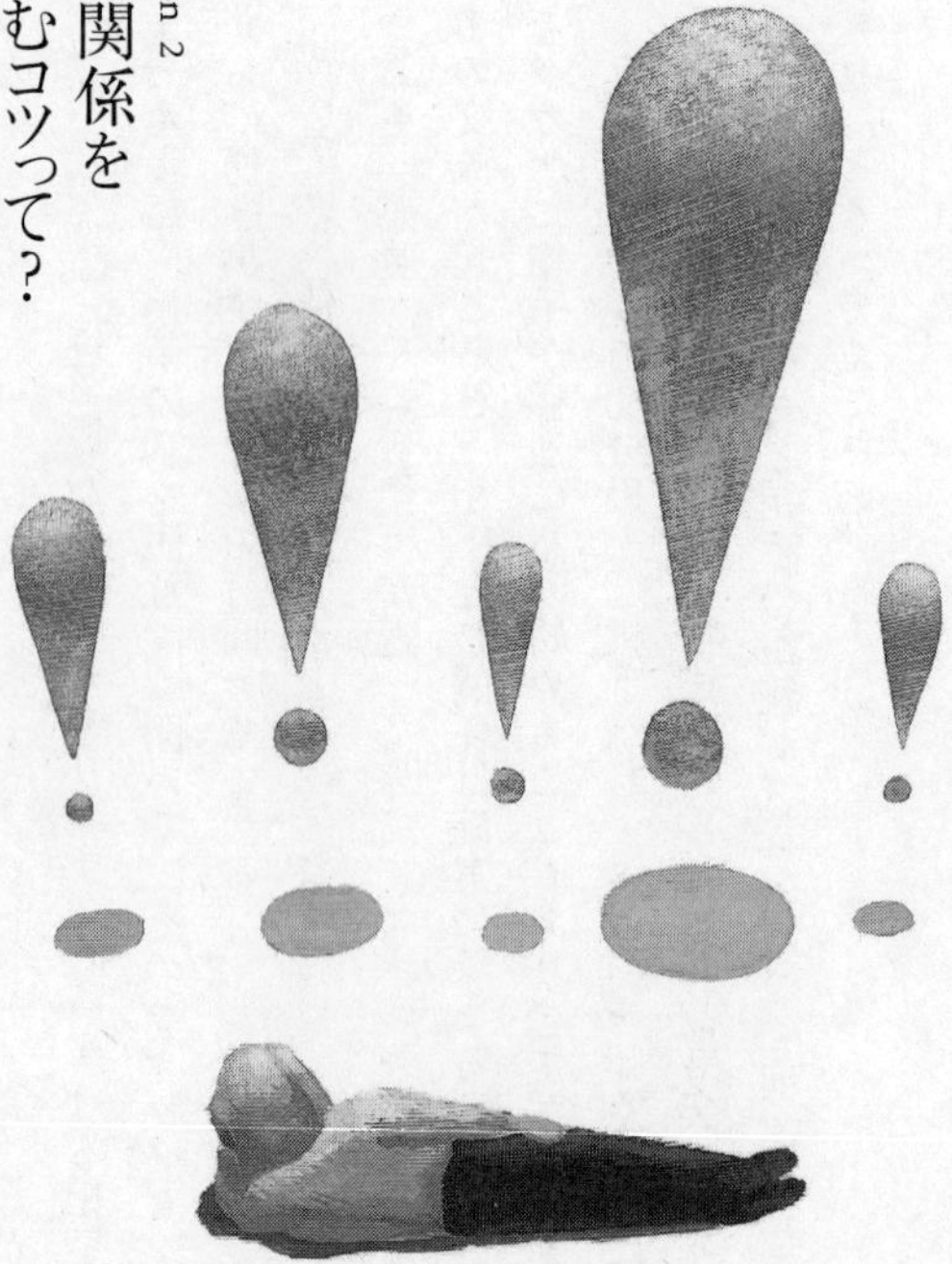

組み合わせを楽しんでください。「自分ネットワーク」の人と人とを出会わせる演出家になりましょう。

子どもたちの間で大流行した「ポケモンカード」、ご存じですよね？　一つひとつに体力や知力、抵抗力や弱点、どんなワザが使えて攻撃力はどのくらいかも書いてある。ポケモンの種類は２００以上あるのですが、キャラクターがそれぞれ違います。エネルギーを与えたり、与えられたりしながらバトルするのですが、組み合わせは無限。書かれていることは変わらないのに、ゲームの進め方は千変万化。世界中の子どもたちを熱狂させた理由はこのへんにあるでしょう。

「組み合わせを楽しむ」という点で、「自分ネットワーク」と「ポケモンカード」は似ています。ただ、「ポケモンカード」は対戦させることが目的ですが、人間関係の場合は「自分ネットワーク」内の人と人とのコラボレーション（協働作業）が目的です。仲間を集めて互いにチカラを補い合い、目的を達成するＲＰＧ（ロールプレイングゲーム）と似ていますね。

人間関係をゲーム感覚で楽しむためには、「自分ネットワーク」にいる仲間たちを、まずキャラクターの全体像でとらえる必要がある。だから初対面のとき、雑談する。どんなことが好きで、今までどんなことに時間を割いてきたのか、どんな小学校時代を過ごし、どんな中学生だったのか、奥さんや子どもはいるのかなど、連続して聞いていきます。

「こんなコンプレックスがあるのかなぁ」というような、その人の弱みも含めて、全体イメージをストックしておく。そうやって、出会った人のデータベースが、頭の中のディスクに書き込まれていくわけです。

この段階では、「役に立つ・立たない」という基準で人を見てはいけません。だって、いつ何の役に立つか、わかりませんから。自分にとって楽しくて、相互にエネルギーを交流しあえる人かどうかは、何百人、何千人と会ううちに必ず見えてきます。

おもしろいのは、キャラの組み合わせ次第で、1＋1＝5にもなるし、Σ（シグマ）にも等比級数にもなる点です。長所を引き出し合うと、能力以上のチカラが発揮され、いい結果に結びつくことが多い。

これは、当事者からすごく感謝されます。

インターネットが普及して、コラボレーションという言葉がよく使われるようになりました。でも、ネットワークがあるというだけでは、そこから何も生まれません。何かを生みだすためには、ネットワークを道具《ツール》として、価値あるものを生み出していく努力がいる。

「自分ネットワーク」も同じです。自分自身が演出家になって、人のチカラを組み合わせて新しいものが生み出せれば、こんなに楽しいことはありません。カードゲームやRPGも楽しいですが、もっと刺激的に、あなたの「見えない資産《インビジブル・アセッツ》」を豊かにする楽しさを、「人間関係」ゲームで味わってください。

Question 3

印象が希薄な自分をなんとかしたい

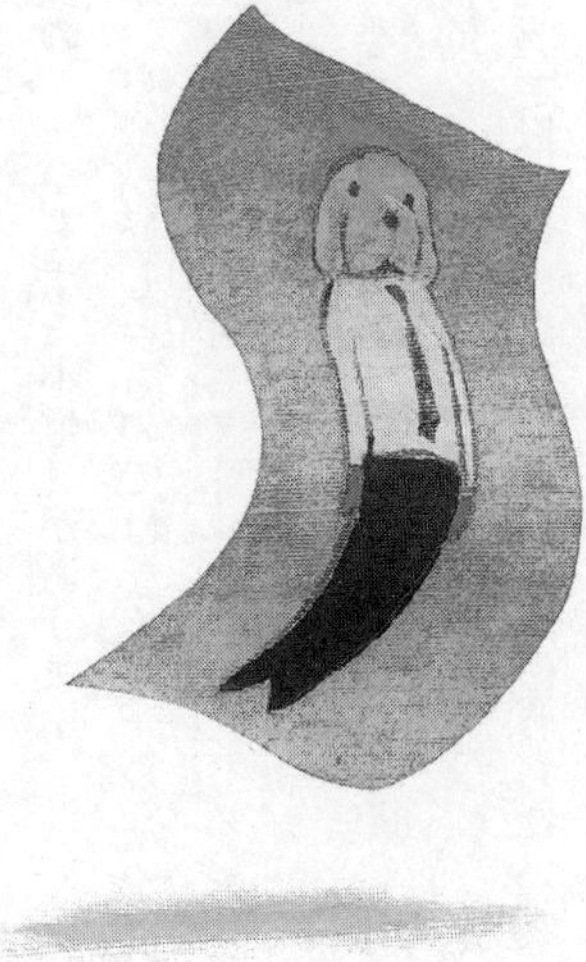

まずは名刺や肩書きを捨てましょう。名刺に頼らないでコミュニケーションできればあなたは「忘れられない人」になる。

人間関係のジャマをする小道具があります。名刺です。自分が怪しいものではなくて、こういう会社に属していて、これくらいの権限（肩書き）を持っていて――というところまで名刺は語ってくれるのですが、さて、そこからが問題です。

まず、あなた自身のキャラとは関係なく、「○○社の人」「△△商事の課長なんだぁ」と表面的な〝レッテル〟で理解されてしまう。だから、名刺に頼っていると「会社」と「役職」以外に、あなたの魅力が伝わらない。

逆に、あなた自身も相手を「名刺」で判断してしまうとしたら、ろくな問いかけもできずに終わってしまうでしょう。相手が「よくぞ聞いてくれた！」と感動するような問いかけも生まれにくいはず。

このように、名刺には人間関係の成長を妨げる副作用があるのです。しかも習慣性や依存性もある麻薬のような存在。あなたは、そんなコミュニケーションに慣れてしまってはいませんか？

こうして、気づかないうちに衰えている〝人間関係力〟を磨くには、名刺の通用しない世界で場数を踏むことをおすすめします。

たとえば、私の友人の中には、新宿のホームレスたちを組織化して、都庁のまわりを掃除している人物がいます。朝から炊き出しをやって、掃除が終わるとみんなでそれを食べて散会する。

ある会社の幹部研修では、この早朝イベントに参加してホームレスたちと一緒に掃除をしてもらいました。わざわざ新宿中央公園の近くのホテルをとって、掃除のあとの朝食は、炊き出しを一緒に食べることにしたのです。

ここでは、名刺の力はまるで通用しない。

ホームレスたちは、みな過去を捨てているので名乗りません。でも、なにか会話はしたいわけです。

研修の参加者の中には、ホームレスに掃除の仕方を尋ねて屈託なく会話している人もいれば、身構えてしまう人もいる。こういうときに、他人とコミュニケーションをとるチカラの差がはっきりわかります。

後から「今回の研修でいちばんよかった」という感想ももらいました。私自身、ときどき参加しているのですが、自分の〝人間関係力〟をブラッシュアップするいい機会になっています。

実はこの研修、採用に力を入れている企業のリクルーターが対象でした。たとえば学生を相手に「人事部長」の名刺を出せば、学生の思考は止まり、「対人事部長モード」になってしまう。そうするとホンネを引き出すのは無理でしょう。

だからといって、名刺や肩書きを明かすことを禁じればいいかというとそうではない。目線の高さを相手と同じくして、問いかける姿勢がだいじなんです。

肩書きが何の意味も持たないところに出かけていくと、それがよくわかる。仕事も肩書きもいわないで、何の話をするか、どんな問いかけができるのか。

自分を語ると同時に、相手を識《し》るだいじな訓練にもなります。私自身、先の早朝のゴミ拾いイベントのほかに、老人ホームで認知症のお年寄りのお世話をしたり、中学校で生徒たちと交流していることが「問いかけるチカラ」を錆《さ》びつかせない〝自分研修〟になっている。

ホームレス同様、認知症のお年寄りにも、名刺を出したところで何の意味もありません。また、中学生と真剣にコミュニケーションしようとすれば、肩書きなんて、子どもたちには何の効果もありませんから。

こちらから問いかけていかなければ、会話自体が始まらない。しかもさまざまな角度から問いかけをくり返して、相手の興味のあることや話したいことを探っていかなければなりません。

あなた自身が何者であるかも必死で相手に伝える必要がある。そして素の自分、正味のキャラをさらけ出せたときだけ、コミュニケーションが成立するのです。

誰とでも〝個人として接する〟ときには、これってとてもあたり前。でも、その大切なことを、名刺が忘れさせてしまっているんですね。

ちょっと会って言葉を交わしただけなのに印象に残る人って、名刺の社名や肩書きとはまったく関係ないことを、あなたも体験しているはず。

Question 4

知人と友人の違いはどこにあるのか

傷つくことを恐れてはいませんか？
自分の弱みを見せることもだいじ。
ただ表面を取り繕《つくろ》うところからは
人間関係は深まりません。

困ったときに助けてくれる友人はどれくらいいるだろう。

愛想が良くて、知り合いもたくさんいて、メル友のアドレスがケータイにあふれるほど入っている人でも、イザとなったら友人がどれだけ頼りになるのか、ちょっと不安かもしれません。

表面的には平和に見える人間関係でも、他人の面白おかしいウワサ話を交流させているだけでは、頼りになる人間関係には発展しないってこと。

そんな不安のある方に「マイナス・イオンの法則」を紹介します。

一言でいえば、プラス・モードの話よりも、マイナス・モードの話のほうが、人間関係を深めることができるという法則。

じゃあ、「マイナス・モードの話」ってどんな話のことをいうのかというと、最近失敗しちゃった話、できなくてあきらめた話、小学生のころイジメられた話、中学生のころからのコンプレックスなど、自分の弱さを出してしまう話のこと。

これに対して「プラス・モードの話」は、自己紹介のときに典型的に使われる、私にはこれができる、こういった業績がある、こんな成功をしたというような、自分の強みをプレゼンする話のことです。

両方のモードで自己紹介をやってみると一目瞭然なのですが、実は「マイナス・モードの話」のほうが「プラス・モードの話」より、相手の印象に残ります。しかも、相手との間に心の通う関係を築くキッカケにもなる。

なぜかというと、自分の弱みを目の前にふっと出して、それを真摯に語れる人には、聞いている人のエネルギーが流れ込んでくるから。いわば「マイナス・イオン」が「プラス・イオン」を引き寄せるように、聞いている相手の「プラス・イオン」が流れ込んで癒されるというわけです。

自慢話の応酬が反発しか生まないのも、これで説明がつきます。「プラス・イオン」同士が結びつけないでいる状態。いわば「コミュニケーションの化学」といってもいいかもしれません。

かつて営業マンをしていたころ、自分としては完璧なプレゼンテーションができたように感じていたのに、「よくわかりました。検討してから、のちほど電話します」とお客さんにいわれたまま、なしのつぶてだったことが何度もありました。「プラス・イオン」だけで攻めすぎて、自分では説得しきったように勘違いしていただけだったんですね。逆に、「この商品のダメなところはどこだと思われますか？」とお客さんに聞いたことで、契約に結びついたことが何度もあります。

「マイナス・イオン」と「プラス・イオン」が結びつくと、お互いのエネルギーの交流が起こって、相手と深く結びつけるということでしょう。

Question 5

記憶に残る話をするためには?

相手の頭の中にある「物語」に絡《から》めて話をしてください。

記憶の中に置きみやげを残すように。

ウィットとユーモアをお忘れなく！

人間も動物ですから、初対面の人に対しては、まず「敵か、味方か」を見極めようとします。強そうな敵だったら逃げなきゃいけないし、弱そうなら攻撃するかもしれない。味方だとわかってはじめて、コミュニケーションが始まる。

その見極めは、出会ってからわずか15秒。

ここで相手の笑いが取れれば最強です。お互いの距離がぐっと近づく。吉本用語なら〝つかみ〟といいますよね。

私の場合は自己紹介をするとき、「さだまさしです。」といった瞬間、笑いが取れます。その点、親に感謝しています。昔、ホテルのロビーで本物のさだまさしさんに偶然出会ったとき、あんまり似ているのでお互いあんぐり口を開けたことがあるくらい。

笑いは最強の〝!〟です。

一気にコミュニケーションの道が開けます。大きな山にトンネルを通すとき、ドカンと発破をかけて穴を掘りやすくするようなもの。ただし爆破工事ですから、取り扱い注意ですけど。

数多くいるタレントさんの中で、私が似ていたのが、さだまさしさんだったのはラッキーでした。というのは、彼のキャラが、実に幅広い世代に愛されているからです。なかには、さださんの曲をBGMにした自分の物語を、過去の恋人や母の記憶とともにイメージできる人もいるでしょう。

このように、たった一言で〝瞬間の笑い〟が取れるのは、かなり知名度のあるタレントかスポーツ選手に似ている人だけかもしれません。

でも、相手の頭の中にある「物語」と絡《から》めて話をすることなら、誰にでもできるはずです。

テレビ番組でも音楽でも本でも、ちょっと前の懐かしいネタでも、巷《ちまた》には小さな物語があふれているでしょう。

重要なのは、相手の頭の中にイメージとしてある「物語」や「世界観」を想像して、イマジネーションを働かせること。事前に調べたり、聞いておいた相手のプロフィールなどから、何をおもしろがってくれそうか想像してみるのです。

さあ、相手の世界観《ホームページ》の中に、あなたのホームページからリンクを張るイメージで試してみてください。

私の場合でも、いくら「さだまさしです。」の自己紹介でつかみが取れるといっても、残念ながら小学生や外国人には通用しません。だから、常に相手の「世界観」へのイマジネーションは欠かせないわけです。イマジネーションが弱いために、自分の一方的な独白《ひとりごと》に終始しちゃう人は、相手の記憶には残りません。

Question 6

人間関係をどうすれば深められるのか

相手に素早く「フィードバック」しましょう。
あなたの反応を
相手は不安な気持ちで待っているから。
気の利《き》いた「フィードバック」は
人間関係に効《き》く薬です。

ケータイとインターネットが同時に普及して、少し前までは放送局や出版社にしかできなかった情報の発信が個人でも手軽にできるようになりました。

すると、新たな欲望が生じます。発信したことに対する〝フィードバック〟を、みんなが求めるようになること。

たとえば、ある人がホームページを立ち上げたとします。

最初は発信すること自体がすごくおもしろい。

でも、2週間もすると、誰かに応えてほしいなあという欲求が出てきます。不安、といったほうが近いかもしれません。

なぜでしょう? それは、どこからも反応がないと、自分の存在そのものが危うくなったような気がするからです。自分のホームページやブログを作ったことのある人ならば、そんな不安、わかるでしょう。

ケータイの留守録にメッセージが何件入っているか、何件メールが届くかが、自分自身の存在感のバロメーターになってるような気がして……。

だから、自分が発信したことに対して、誰かから反応が返ってくると、すごく嬉しい。存在を認められたことになるから、安心するわけです。

逆の立場で考えると、発信していることにていねいなフィードバックをすれば、相手に安心感を与えることができる。人間関係を深める一歩として、とてもだいじなこと。

私自身は、フィードバックをするとき、次のようなことをこころがけてきました。

一つはタイミング。

たとえば、本を出版した知人がいたとする。

いちばん先に読んで感想をちょっと書いて送れば、3番目、4番目に感想を述べた人より10倍強い。

作者がいちばん読みとってほしかったことを、ピッタリの言葉で返せば100倍強いのですが、そのためにフィードバックが遅くなったのでは意味がない。

まずは、できるだけ素早く感想を返すことをこころがけましょう。

二つめは数をこなすこと。

感想を述べるときに、「どんなことを伝えればいいか？」内容を考えすぎて迷う人がいます。

でも、はじめから素晴らしいフィードバックができる人なんていませんよ。数多くのフィードバックをしてはじめて、的確な言葉を選べるようになるのです。

幻冬舎の社長・見城徹さんといえば、ベストセラーメーカーとして出版界では知らない人のいない辣腕編集者。

その彼が、作家の五木寛之さんにアプローチしようとしたときのこと。新しく出る本はすべて書店に並ぶか並ばないかのうちに手に入れて、いちばん最初に長文の感想を手紙で送り続けたのだそうです。

編集者が作家に本を書いてもらうのは仕事ではあるけれども、何とか自分にチカラを貸してほしいということに他なりません。見城さんのような大編集者でも、数多くのフィードバックを行うことで、著者との人間関係を深めるわけです。

それからもう一つ。最後に大事なのは、いうまでもなく〝！〟を盛り込むこと。

小学校の理科の時間に実験する〝電磁石〟には、おもしろい性質があります。電磁石に電池をつないでクギや鉄をくっつけると、電流を弱くしてもしばらくは離れません。いったん電気回路ができてしまうと、クギや鉄も電磁石となって、つながり続けるからです。

人間関係もこれと同じ。あなたと相手との「エネルギー回路」がいちどつながってしまえば、人間関係は容易には崩れない。

ただし、電磁石の場合は回路をつなぐために電気を流しますが、人間関係という回路の場合は〝！〟でつながるのです。フィードバックに盛り込まれた〝！〟が、あなたと相手の回路をつないでくれる。

大きな感動である必要はありません。その証拠に、会うたびに「目からウロコ」の感覚をもたらしてくれる人には、何度でも会ってみたくなるでしょう。

Question 7
酒の席でケンカした。大切な人だったのに……

衝突があるから人間関係はおもしろい。
ケンカは起きてあたり前
あとで楽しめる物語になるから。

言い争いになることを嫌って、ほんとうは意見が違うのに、うわっ面だけで追随していることはありませんか?

「友達はたくさんいたほうがいい、ケンカはしちゃいけない」

物心ついたときから、私たちはそう教えられ、育てられてきました。ケンカしてはいけないルールになっているから、仲違いしてしまったときに、どうすればいいのかわからない。

「まず自分は傷つきたくない。そして、相手の領域に踏み込んで傷つけることもしたくない」と考える人はますます増えているように感じます。

でも、コミュニケーションというものは、元来、お互いのテリトリーに深く踏み込む真剣勝負ですから、失敗して傷つくことがないとはいえません。

たとえば「問いかけ」や「フィードバック」には、自分の人生観や世界観がもろにあらわれてしまいます。

だからこそ、たったひとつの「問いかけ」で相手を感動させたり、人間関係を一挙に深めることができる反面、ときには相手を傷つけたり怒らせたりして、関係が続かなくなることだってありえます。

コミュニケーションは、実は「リスクをともなう投資だ」といっても過言ではない。ホンネでキャラ同士がぶつかり合うわけですから、衝突も避けられない。

その瞬間「なんだ、コイツは！」と思われたとしても、いいじゃあないですか。〝人間関係力〟を身につけている人は、ケンカをしたあとでも関係を修復できることを知っています。だから、大胆な問いかけもできるし、会話も弾む。

もちろん、人間関係に自信がないから衝突が恐い、というあなたの気持ちはわかります。

でも、信頼できる人間関係は、むやみやたらに増やせるものではないし、衝突したからといってゼロになることもないはず。

大切な人とケンカしても、うまく仲直りができさえすれば、関係はより強く結ばれます。修復の可能性はいつも残っているし、時間が解決することだって少なくありません。

そう考えると、すこし気が楽になって、ケンカもできるんじゃあないですか？

お互いの「問いかけ」で始まる人間関係は、傷ついたり傷つけたりしながら大きく育つということ。

この本の中で私は人間関係の築き方をいろいろ紹介していますが、いちばん成長が早いのは、一時的な衝突や崩壊を楽しめるようになった人だと思います。

II

お金でもなく名誉でもなく

Question 8

「聴き上手」にどうすればなれるのか

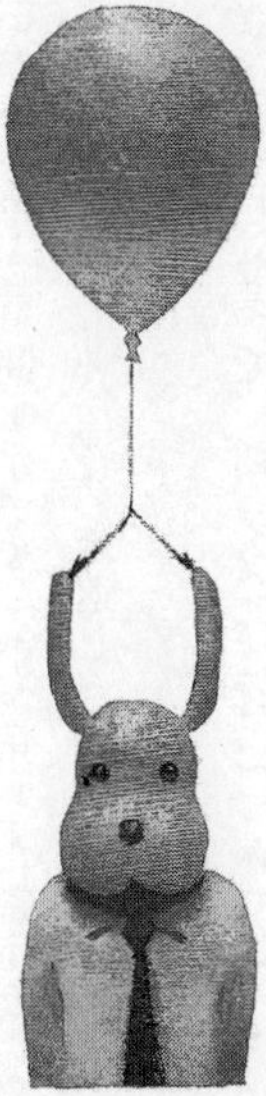

まずは、大きくうなずいてください。

身を乗り出して聞いてください。

話し手に気持ちよくしゃべってもらうのも大切な技術のうちだから。

耳寄りな話、なかなか聞けない話を引き出すことが上手な人っていますよね。話をしている相手に、「気がついたら、いろいろしゃべらされていたなぁ」と思わせてしまうような人。

こんな人は当然、問いかけ上手、質問上手です。引き出した答えから臨機応変に次の質問をしたり、感想というフィードバックを返したり、自分の「マイナス・モード」を出してきたりと、縦横無尽です。

「そんなのは才能でしょ。努力したって一朝一夕には身につかない」と思う人もいるかもしれません。もちろん、才能やキャラに負うところもないとはいわない。でも、そんなものは、せいぜい数歩のリードですから追いつくことはできます。

では、まず、形から入ってみてください。

大きく、うなずくんです。

これだけで、話し手はしゃべりやすくなります。言葉で「そうですね」というより、共感や同意がずっと相手の心に届きます。

お気づきのように、これも立派なフィードバック。難しくいえば、非言語コミュニケーションってやつです。表情や姿勢、声の調子など、言葉でいったり書いたりできない部分で、エネルギーをフィードバックしている。

英語など外国語で話すとき、面と向かってならなんとか会話ができても、電話だと冷や汗をかく経験をした人もいるでしょう。これなどは、非言語コミュニケーションが制限されるからですね。

日本語で、目の前にいる人と話をしているときでも、言葉としては表現されないコミュニケーションとフィードバックのやりとりが起きています。

実は、相手が感じる信頼感や安心感にとって、口から出る言葉よりも「うなずくこと」は大きなチカラを発揮します。

新宿のホームレスたちとのゴミ拾い運動に、ジャーナリストの櫻井よしこさんが参加してくれたことがあります。ふと見ると、彼女は、低い姿勢から顔を覗き込むようにしてホームレスに質問しているんですね。

うん、うん、と大きくうなずきながら、くっつきそうなほど近くで聞いていました。

そうすると、過去のことは話したくない、自分のことを聞かれたくないはずのホームレスたちが、照れながら一所懸命に答えている。リーダー格の、ちょっと気の荒いところのあるおじさんまで、嬉々としてしゃべってる。

それはもう、びっくりしました。一流のジャーナリストの取材術を目のあたりにして、私にとって特大の〝！〟体験でした。

もし、櫻井さんがこの日に問いかけた内容をメモにして、後日、第三者が読み上げたとしても、ホームレスたちは絶対に答えてくれないでしょう。

人間も動物の一種ですから、信頼感や安心感を築かなければ、交流の口火も切れない。

また、フィードバックがないと、話し手は「聞いていないんだろうか、つまらないんだろうか、それとも反論があるのだろうか」と疑心暗鬼になってしまいがち。これでは耳寄りな話はきけませんよね。

大きくうなずいて、あなたの話を聞いていますよ、すごく興味を持って聞いていますよ、とくり返し伝えましょう。

まず形から入ると、こんどは「問いかけ」にも調子が出てきます。エネルギーの交流が生まれるからです。

「まず形から入る」というと、おざなりな印象を受けるかもしれませんが、それには、すごくだいじなわけがある。

バレエや歌舞伎といった古典芸能は、形をことさら重視します。感情やストーリーを身体で表現するためです。映画や演劇からお笑いにいたるまで、エンターテインメントの世界では、身体で表現する能力が役者の人気を決めている。

いっぽう、私たちの日常世界では、ケータイやメールでの交流がますます頻繁になっている。すると、形から入る機会が失われていくことになります。身体を使って感じたり、表現したりする機会が乏しくなってくる。

だからこそ、大きくうなずくことがだいじになる。身体全体でフィードバックするうちに、相手の話を「聞く」というより「飲み込める」ようになれるわけです。

Question 9

初対面の人と打ち解けられない

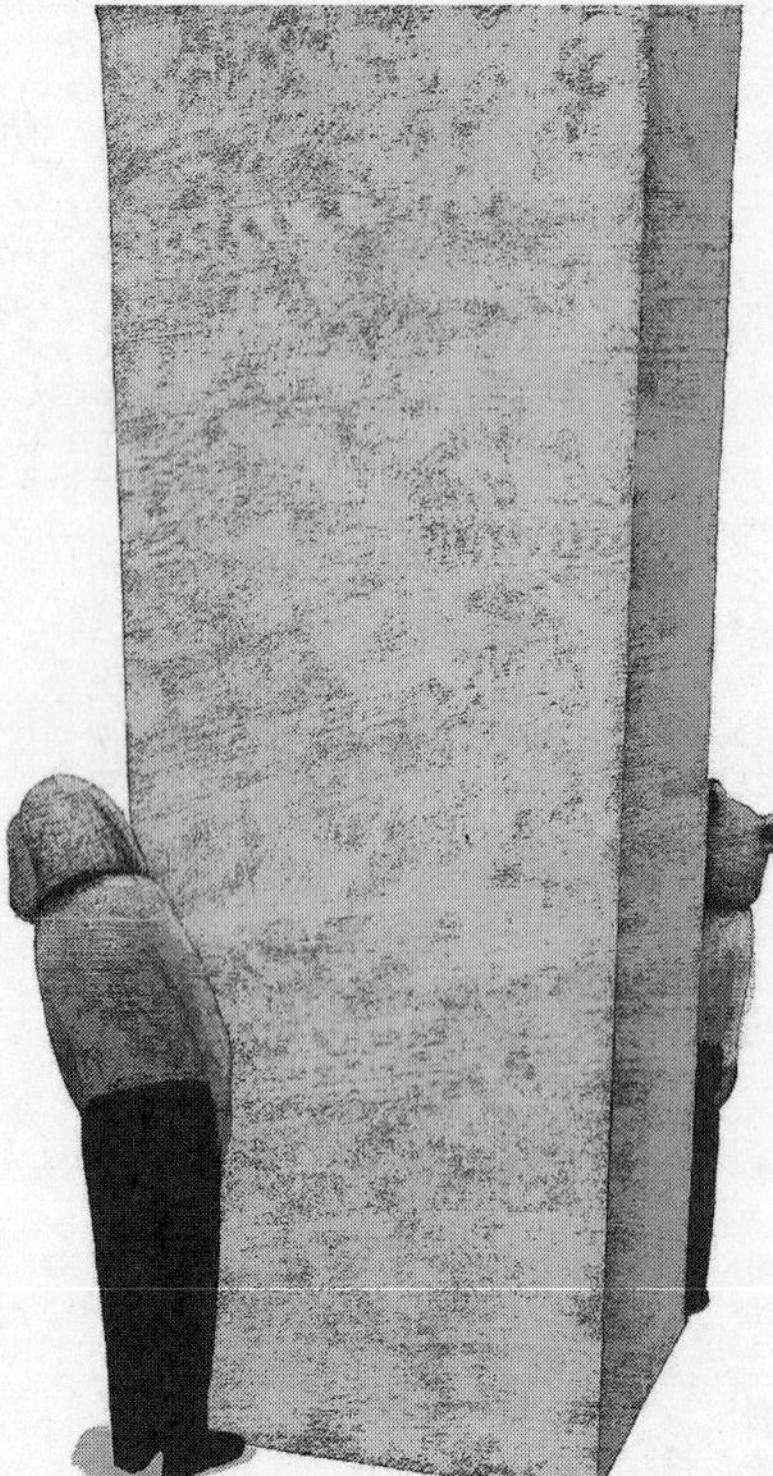

相手と自分の共通点を探して
リンクを張りましょう。まず三つ、続いて10カ所
そうすれば相手のホンネが聞こえてきます。

初対面の人と会うときは、誰だって少しは緊張するもの。「こんなことを言うとバカにされるんじゃないか」と、必要以上に不安にもなります。でも、不安を抱えたままでは、会話を豊かにすることはできません。だから、まず、その不安の正体を見極める必要がある。

この場合の不安は、「相手が何者であるかわからない」ことが原因。相手の性格や価値観など、本質《キャラ》の部分が見えないから、落ち着かないわけです。だったら、初対面の人と打ち解けるためには、相手が何者であるか、短い時間でキャラをつかめばいい。理屈はそういうことです。では、どうするか？

以前、私があるパネルディスカッションでコーディネーターを務めたときのこと、まったく初対面の5人がパネリストでした。コーディネーターの私に課された役割は、活発な会話を演出することです。そのた

めには、まずパネリスト全員のキャラをつかまなければなりません。つまり、「何をいちばん語りたいと思っているのか」をたぐり寄せるわけです。パネリストとは初対面なのですから、これはなかなか難しい注文です。

私は真っ先に控え室に入って、5人のパネリストが控え室に入ってくるのを待ちました。そして、入ってきたところを間髪入れずにつかまえて、話しかけます。

「お子さん、いらっしゃるんですか？」

話しかける内容は、ディスカッションとはまったく関係のない雑談です。

でも、キャラをつかむためには、まずは雑談をすることが肝心。

いきなりディスカッションのテーマを会話の俎上《そじょう》にのせると、相手の演説が始まってしまうからです。

ボクシングにたとえれば、この雑談は「ジャブ」みたいなもの。ボクシングでは、相手の出方をうかがうために、まずジャブを打ちあいます。右ストレートや左フックを出すための布石を打っておく。

人間関係もこれと同じ。雑談という「ジャブ」を交換し、まず互いにそれぞれのキャラをつかみます。どこに住んでいて、休日はどんな過ごし方をして、どんな奥さんや子どもがいるのかなど、相手の背景にある世界観をつかみましょう。

そこから、あなたとの〝共通点〟を探すのです。通勤のコース、趣味、スポーツ、音楽、特技、共通の知人など、何でもかまいません。この作業は「あなたのホームページ」にリンクを張るようなものです。一つではなく、まず三つ探しましょう。

これがコミュニケーションの場、2人の交流の舞台をかたちづくります。幅と奥行きと高さを持った三次元の空間にするために三つ。それができたら、その舞台の上で、次々とリンクの数を増やしていきましょう。

Question 10

ムカつく奴がいる。我慢するべきか？ ケンカするべきか？

努力しても距離が縮まらない人と無理につきあう必要はありません。もっと大事な人との時間を大切にしたいから。

人生でどのくらいの人に出会うか、計算してみたことがあります。営業職など人に会う仕事の場合、午前中1人、午後1人、新しい人間に出会うとすると、年間200日働いて1年で400人。これを5年続けると2000人です。なかには何度も会う人もいるでしょうが、このくらいの数の人に会うと、どういう人が自分に合うかがわかってきます。

偉そうなことをいう人に限って、あとから何のチカラにもならないというような一般原則も。

たとえば、本物のディレクターやプロデューサーで、自分のことをディレクターとかプロデューサーなどと名乗る人はまずいない、などという見方もできるようになります。口先ばかりの人を見抜けるようになる。

私は今までに5000人以上の人と出会っていると思います。名刺を交換した程度ではなく、少なくとも雑談して根ほり葉ほり聞いたことのある人が、です。

でも、今もつきあいが続いている人は限られる。私の「自分ネットワーク」になっているのは、せいぜい150人くらいでしょう。

逆に、どうしても好きになれないタイプの人も、当然出てきます。

数多くの人に会っていれば、少々イヤなタイプの人がいても「そういうもんだな」ですませちゃうことができますが、出会う人の数が少ないと、つまり母集団が少ないと、どうしても好きになれない人がいる場合、困ってしまいますよね。

その意味で、数多くの人に出会うこと、数をこなすことは、大切なんです。

ストーカーに狙われたのでもない限り、自分に関心を持ってくれる人に対しては、基本的に嫌ったり怒ったりする人はいません。

だから、自分のチカラになってほしいけれど、まだ「自分ネットワーク」の外にいるような人に対しては、くり返し誠実に働きかけましょう。

先に幻冬舎の見城さんの例を出しましたが、「感想を誰よりも先に100回書いてやろう」という気になって実践すれば、必ずどんな相手でも振り返ってくれるはず。

おそらく20～30回目くらいまでには、リアクションを返してくれるでしょう。

そうやって3年もアプローチして、本当に100回感想を書いてもナシのつぶてという相手なら、つきあう必要はありません。縁がなかったとあきらめましょう。性が合うとは思えませんから、無理してつきあう必要もない。たとえ無理して強引に関係を作る鍵をこじ開けたとしても、いい結果が生まれないのは明らか。あなたと相性がよくて、しかももっとチカラのある人が必ずいるはずです。

「自分ネットワーク」のベースができるまで「出会いは多いほうがいい」という理由は、あなたを認めてくれる人は、必ずどこかにいるからです。

少数の限られた人間関係の中では、いちど嫌われたり、ダメのレッテルを貼られたりすると、挽回に大変なエネルギーがかかってしまいます。それが恐いから、本心を抑えてでも表面的なつきあいに終始することになる。

多くの人に出会って自分のキャラを伝え交流することができていれば、必ず認めてくれる人があらわれます。今日まで出会えなかったとしても、明日出会う可能性もある。

三蔵法師の弟子は3人、桃太郎のお供も3匹。お正月に飾るのは七福神ですし、キリストの弟子は12人です。信頼してつきあっていける人間関係は、物語や伝説の主人公や、神さまとしてあがめられている人だって、そう多くはない。

私の経験でも、マネジャーとしていちばんまとめやすかったのは、4人の営業マンに4人のアシスタント、技術と庶務のスタッフを合わせて12人くらいのときでした。生身の人間である私たちが、最終的に個人として深く交流しながら人生を歩むことのできる人数は、あなたが思っているよりずっと少ないのかもしれません。

世界中が好きな人だらけになったら幸せですか？

相性の合わない人、キライなヤツが〝悪役キャラ〟で登場してくれるから、人生がおもしろくなる。そう考えると、好きになれない人と「つきあわない勇気」も湧いてくるのではないですか。

Question 11

「人づきあい」にお金をかけるのはもったいない?

「人づきあい」はコストではなく
自分への投資。
「自腹」を痛めることが人間関係を磨きます。

よほど裕福な人を別にすれば、欲しいものをすべて手に入れることはできません。ですから、お金の遣い道には優先順位がある。

「人づきあいにお金をかけたくない」という人は、たぶん別のことにお金を使おうとしているのだと思います。

別なこと——たとえばクルマだったりファッションだったり、最新モデルのケータイだったり。旅行やグルメに使うという選択肢も。貯金やマンションの支払いにあてる堅実な人もいるでしょう。

貯金したり、マンションを買ったりすれば「資産」として残るわけですから、人づきあいのような、目に見えるものが残らないことにお金をかけるのは、無駄遣いと考える人がいるかもしれません。

ところが、人づきあいに使ったお金は、消えてなくなるのではないのです。「自分ネットワーク」という豊かな人間関係に実を結べば、「見えない資産《インビジブル・アセッツ》」として蓄積される。これは「目に見える資産」と同じくらい、ひょっとしたらそれ以上に大切なもの、と私は考えています。

「自分ネットワーク」内の友人同士を初めて紹介する場合、夕食を一緒にとるのはいい方法ですよね。

たとえば夕方6時半から2時間、食事をしてお酒も飲んで、Aさんに頼まれてBさんを紹介する。こんなとき、普通ならAさんがお金を払うところですが、私の場合、自分で払ってしまいます。

なぜなら紹介者《ホスト》の私としては、AさんとBさんの立場をフェアにしたいから。2人とも私の大切な友人ですから、対等な関係で会ってもらいたい。

2時間も話せば、互いのキャラクターはわかるでしょう。だから、あとは2人に任せて帰っていい。

実際、私はお店の会計を済ませて先に帰ってしまいます。「意気投合して、夜中まで飲んじゃいました」とあとから聞くことも珍しくありません。対等な関係で会っているからこそ、紹介されたその日から親密になれる。

そうなると、AさんとBさん双方から感謝されることになります。こういう「人づきあい」でのお金の遣い方は、たんに飲んで騒いでお金を払ったという遣い方より、生きた投資になると思いませんか？

ただしそのお金は「自腹」であることが大前提。

会社のお金で奢《おご》られても、個人に対する感謝の気持ちは起こらないので、あなた自身の「見えない資産《インビジブル・アセッツ》」にならないからです。

Question 12

ネット上のコミュニケーションで気をつけることって?

むやみな一斉同報《いっせいどうほう》は送らない。
問いかけや〝！〟を意識して
1対1の関係で使おう。

インターネットやケータイが普及して、コミュニケーションの手段はものすごく広がったし便利になりました。メールやチャットで、遠くにいても、夜中でもメッセージのやり取りができます。

じゃあ、人と人との交流が活発になったり深くなったかというと、違いますよね。むしろ、ケータイに留守電が入っていないと不安だとかメールが来ないと世の中から忘れられたのではないか、と寂しくなってしまう人々をたくさん生み出しました。

一見、チャットは1対1で交流しているように見えるかもしれませんが、これも〝交流〟という域に入らないもののほうが多いでしょう。浅薄なチャットの応酬をいくらくり返しても、話題は深くならないし関係も深まらない。

でも、それはインターネットやケータイという通信手段のせいではありません。「問いかけるチカラ」が社会全体として弱くなってしまっていることに原因がある。

というのも、今の学校教育では、知識を伝達して正解に早くたどり着くことだけを教えがちですから、正解がわからない中で「問いかけ」ながら試行錯誤する方法については、ほとんど学ぶ機会がない。

しかも、私たちを取り囲む日常生活は、いまや、コンビニや自動販売機、ファーストフードなど、問いかけなくても自分の欲しいものが自動的に手に入ってしまう装置であふれています。黙っていても手に入る。問いかけなくても買えてしまう。

だから、ネットという道具《ツール》自体は、人間関係を深めるものではなく、「使い方によっては人間関係を薄めてしまうもの」というくらいに考えておいたほうがいいでしょう。

もちろん悪いことばかりではありません。コミュニケーションに有効なネットの使い方もあります。ときどき私にメールで「最近仕入れたおもしろい話を10本」などと送ってくれる友人がいます。つい人に教えたくなる笑い話もあって、ネットの中で〝!〟の輪が広がる。

注意したいのは、こうしたネタを仕入れたとき、むやみに一斉同報《いっせいどうほう》しないこと。興味のない人にとってはただのゴミだからです。

私のやっている「よのなかｎｅｔ（http://www.yononaka.net）」の「よのなかフォーラム」は、ツリー・タイプの掲示板です。誰かの書き込みに対して他の人からの返信や意見が、木の幹から枝が伸びるような形式で拡大していくので、活発なコミュニケーションが起こっているときには一目でわかります。

よくみていると、ツリーがどんどん伸びていく書き込みと、最初の書き込みだけで終わってしまうものがある。ツリーが伸びる書き込みには、必ず「問いかけ」があったり〝！〟があることがわかります。

あなたも、「よのなかフォーラム」のような掲示板やブログで、キャッチボールの練習をしてみてはいかがですか？

Question 13

深いところで交流したい

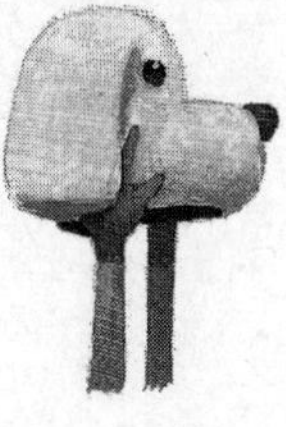

相手の目の前で失敗してください。怒られる経験を共有できるから一段深いレベルの結びつきになる。

世間話をいくら続けても、人間関係はある程度までしか深まりません。表面的な会話をいくら続けても、深いレベルでのエネルギーの交流が起きないからです。自分のコンプレックスや失敗談を明かすことで、相手のエネルギーが入ってきて交流が起きる。これが「マイナス・イオンの法則」でしたね。

マイナスがプラスを引き寄せる磁石のような性質があるからだといいました。過去の失敗談をどのくらい面白おかしく語れるかは、その意味で、強力な武器ですね。

さらに、もし会っているその場で失敗すれば、フレッシュな「マイナス・イオン」が出るわけですから、今までより深い関係が築けるチャンス。失敗、失言は、あなたの出したマイナス・イオンで相手が引き寄せられるキッカケになる。

だから、「あ、しまった。恥ずかしい！」と思った瞬間、一段深いレベルの人間関係に進むチャンスだと考えましょう。

30歳くらいまで、私は「恩賜公園」の「恩賜」を「おんちょう」って読んでました。正しくは「おんし」ですけど。先輩に指摘されたんですが、そんなことがあると、肩の力がものすごく抜ける。ちょっとしたマイナスには、人間関係の緊張を解きほぐす効果もある。

でも、もっと大きなマイナスだったらどうでしょう。

相手の目の前でした失敗は、その場では怒りを買うかもしれません。たとえば、道を間違えて待ち合わせの時間に大きく遅れてしまったとか、お酒をこぼして相手の洋服を汚してしまったとか。

当然、怒り出す人もいるでしょう。一所懸命謝って、あとのフォローもしなければならない。

あるいは、仕事上で大きなミスをしてしまった。やはり客先に駆けつけて、謝ります。それでも怒りはおさまらなくて、お出入り禁止になってしまう。そんなときどうする？　なにはともあれ善後策を考えて、手紙も書いて、何とか誠意を認めてもらうまでフォローをしますよね。

大阪に勤務しているころ、営業上のこんな技術を教わりました。

宅訪といって、取引先の担当者の自宅をアポなしで日曜日に訪問する。そうすると営業が行き詰まっていても、局面が開けることがあります。

本人がゴルフに行って不在のときでも、奥さんと子どもの顔を見てくる。手土産を渡して「私も結婚したばかりで」などとプライベートな話を奥さんとしてきます。そうすると、月曜日に「来ていただいたそうで」と話が広がって局面が開けてくる。これは相手のテリトリーに強引に入って行く力業《ちからわざ》です。当然、リスクもあります。烈火のごとく怒られたこともありました。

宅訪は、関西の営業の世界ではあたり前だったようなのですが、関東出身の私にはかなりカルチャーショックでした。ドアのチャイムを鳴らす直前には、このまま帰っちゃいたいとも、できれば誰もいなければいいなとも、正直思った。

成功法則を書いた本の中には、どんな状況においても楽しんで仕事をするのが達人だなどと書いてあるものもありますが、生身の人間にはそれはムリ。

でも、怒られるというのは、相手の感情があらわになっている瞬間に立ち会える、めったにない機会《チャンス》だともいえます。こちらが怒る側の立場でいうと、感情を抑えることができずに激しく憤った場合であればあるほど、怒っちゃってから、逆にちょっぴり恥ずかしかったりする。

もう一つ、会社に入ったばかりの頃のエピソードをお話ししましょう。

ある食品会社の社長から、いきなりクレームの電話が入ったことがありました。ベテラン営業マンからまだ引き継ぎが終わっていないお客様だったのですが、私はとにかく謝りに行くもんだと思ってましたから、はなから企画書や申込書は持って行かなかった。

ところがベテラン営業マンは、社長のクレームを一通り聞くと、そのクレームをそのまま来年度の企画に活かして契約までもちこんでしまいました。申込書を用意していなかった私のほうが怒られたことはいうまでもありません。

こんなふうに、失敗してしまったら、一段深いレベルの交流へと局面を変えるチャンスなのだと考えましょう。

だいじょうぶ。失敗の共通体験は、必ずあとで効いてきますよ。

Question 14

会話を盛り上げるコツって？

「たとえ話」がうまくなると、
会話が一段と弾みます。

会話って、「テニスのラリー」みたいなもの。

初心者のうちは、返しやすいところに打ってもらえば続きますが、そうでないと一方的になってどちらのプレーヤーもつまらない。上級者になると、お互いの厳しいところに打ち込みますが、それを返したり逆に攻め込むことを楽しめるようになる。

あるいは、会話って「一寸法師の打ち出の小槌」みたいなものでもあります。ビジネスの場であれば、小さなヒントが、会話という打ち出の小槌によって大きな話に成長する。でも悪人の手に渡ると小さな話も針小棒大。詐欺のツールにもなりかねない。

また、会話は「舞台の上の役者と観客」の関係にもたとえられます。つまり観客の反応によって、同じ役者が演じても芝居の出来が変わってしまう。

いま私は、会話をいろいろなものにたとえてみせました。

こんな具合に、会話が盛り上がらないときは、「たとえ話」をしてみましょう。

「うまい！　座布団一枚」と相手が思うような「たとえ話」ができると、会話が弾む。

「たとえ話」は、弾まないボールに空気を入れるようなもの、なんです。

「〜のようなもの」が「たとえ話」の基本ですが、練習すれば必ず上達できる。

たとえば、コーヒーとボールペンの似ているところを三つ挙げてください……とか。

オフィスの必需品。安物から高級品までピンきり。かたや応接室、かたや粗品でとりあえず出てくる、などなど。

これらが必ずしも正解というわけではありません。「あ、なるほど」という答えなら何でもいい。だから、部下に持ってこさせる、なんて答えもアリ。

もう少し練習問題を出しておきましょう。新幹線とパソコン、中学校と自動車、奥さんと猫の似ているところは——難しいですか？

やっているとわかると思いますが、いきなり似ているところや共通点を見つけようとするよりも、まずそれぞれの特徴《キャラ》を思い浮かべるのがコツです。

誰もが思いつくような共通点から、だんだん、おもわずヒザを打つようなポイントが見つかるはず。

蛇足ですが、だいじなのは、相手と共通の土俵で「たとえ話」をすること。

くり返しになりますが、相手の心象世界へのイマジネーションは欠かせません。

自分だけがおもしろがっているのでは「おやじギャグ」などといわれて、かなり情けない。どこがおもしろいのか説明しなきゃいけなくなると、盛り上がるどころではなくなってしまいます。

もちろん、どこがおもしろいのかくどくど説明して、それだけで爆笑を誘っていた人間関係の達人もいますから、絶対ダメだとはいえませんけど。

III

あなたが「忘れられない人」になるために

Question 15

相手の興味を引きたい

身近な体験を盛り込んでください。
テレビや雑誌で見聞きしたことではない
あなた自身の体験談を。

相手に「子どものころの話」を聞いたとき、おもしろい話をたくさんしてくれる人もいれば、そうでない人もいます。語りうる体験があって、さらに、それをおもしろく語れる人は〝印象的な人〟ですよね。

だから、失敗談から自己紹介できるようになると、あなた自身の印象は強くなります。語るべき失敗談のない人は、まず失敗することから始めましょう。最近のあなたには、誰かにおもしろく物語れるような失敗体験はありますか？

自己紹介の次の段階で、自分の話を印象づけるには、なにも突飛な体験や特別なできごとじゃなくてもいいんです。むしろ自分の身の回りで起こった身近な話題で、あなたらしい体験を話すことが、いちばん印象的なものになります。

「私の母の場合は」とか「そういえば小学生の息子が」とか「ウチもそうでした、父の話で恐縮ですが」などと、家族の話を途中で挿入してみましょう。

体験のチャンスは山ほどあるのに、ぼんやりそれを見過ごしていると、語りうる身近な話題がいつのまにか見あたらなくなってしまう。

たとえば住居にまつわる話などは、みんなどこかに住んでいるわけですから、実に身近な話題のはず。

でも、日本では、住まいについてのまっとうな会話がほとんど成立しません。

「え、マンション買ったんですか？　どこですか？　駅から何分？　いくらでした？

へぇ、4500万円。スゴイなぁ」

で終わってしまう。もう少し親しい関係だと、

「ローンはどれだけ？　30年で3000万円も組んじゃったの？　へェー！」

でおしまい。新居を訪問する機会があっても、インテリアのテイストや選んだ素材、見えないところの造作の工夫などはあまり話題になりません。

住宅の着工数は景気判断の指標になっているくらいで、「住」は「衣」「食」の土台であるにもかかわらず。

そこには本来、もっと豊かな話題が潜んでいるはずですよね。

だいじなのは、語るべき話題のベースになる実践を、自分の手でやってみること。たとえば、独身者で賃貸住宅に住んでいる人なら、自分で板にニスを塗ってコーナーを作ったり、壁紙を貼ってみる。改装業者に頼めばきれいにやってくれるでしょうが、友人に手伝ってもらって改装したりすると、まず、それ自体が新しいコミュニケーションを生みますね。

さらにその体験が、やはり住まい方にこだわって自分で改装《リフォーム》した住居に住んでいるような人と知り合った場合、会話の血となり肉となる。

「類は友を呼ぶ」ということわざもありますが、こういった体験は、同じ興味を持っていたり、同じような環境の生活空間に住んでいたり、同世代で価値観を共有するような友人を、次々と引き寄せてくることになります。

つまり、あなたがした体験の〝話のネタ〟としてのエネルギーレベルが高ければ高いほど、あなたの集客力が高まり、渦巻くように人が集まってくる。

家のつくりやインテリアやガーデニングに関する会話ができることは、ほとんどの大人が日曜大工をするヨーロッパなどでは、ビジネスパーソンを含めたインテリの教養だと考えられているほどです。

よく「話題を豊富にするために『引き出し』はたくさんあったほうがいいんですか」と聞かれます。

でも、あらかじめ引き出しに中身を用意しておいて、相手の興味に合わせて臨機応変に取り出すのは難しいし、表面的に流されやすいでしょう。

多くの人が興味を持っていそうな、クルマとサッカーと大リーグとワインと人気お笑い芸人の話題を引き出しに入れておいたところで、テレビや雑誌で見聞きした程度のことでは、印象的な話にはなりません。

だから、一般論ではない、あなた自身の体験を話しましょう。

身近なことで、あなたの心が動いた「体験話」をするほうが、ずっと印象に残るはずですから。

Question 16

会話がかみ合わないときはどうするべきか

わざと脱線してください。
そこでリセットができない相手なら
質問をくり返すこと。

「あそこにカラスが止まっているでしょ。私、あのカラス飼ってるの」

ジャーナリストの櫻井よしこさんからインタビューを受けていたとき、そういって彼女がおもむろに事務所の窓を開けると、小さなベランダには餌台《えさ》がしつらえてありました。

「最初、ここでもっと小さな野鳥に餌をあげてたの。そうしたらある時、カラスが舞い降りてきて……。私、カラスに名前をつけたんですよ」

このときの私は、いきなり核心をつくような彼女のストレートな質問に、ややあいまいな答えを返したところでした。自分の意見をどうまとめようかと、意図的に時間稼ぎをしたのです。

そこで、櫻井さんは「私の聞きたいのはそういうことじゃないのよ」という代わりに、私の答えをいったんサッとはずしたわけです。

いったん脱線して、強制的にリセットしたともいえる。

そのうえで、今度は、周辺の問題から一つひとつ、フリーター問題に関する私の意見を聞いてきました。そんな縦横無尽な問いかけが気持ちよかったもので、つい余計なことまで、たくさんしゃべってしまった。

こんなときは、会話がかみ合っている充実感が双方に生まれます。

「問いかけ」に対しては、ドンぴしゃな答えが返ってくるとは限りません。相手がきちんとこちらの問いかけの意味を理解していない場合だって少なくないからです。実際「私の質問はそうではなくて」と文句を言いたくなることもあるでしょう。

そんなとき、かみ合わない会話をわざと脱線させて、リセットする技術を知っておくと便利です。

また、いったん話し始めると、やたらと話の長くなる人もいます。

あっちこっちに話が散らばって、結局、何を言いたいのかわからない。あるいは、相手のペースに流され続けて本題にたどり着けなかった、という経験はありませんかか？

こんなとき話を脱線させてリセットしようとすると、ますますどこに行ってしまうかわからなくなります。相手によって作戦変更が必要ですね。

そういうタイプの人には、

「一言でいうと、どういうことですか？」

と聞いてみましょう。話し手自身に、自分の話をまとめてもらうのです。

こちらの話を聞いてもらう場面でも、ホントに聞いているんだかどうだかわからないタイプの人たちもいます。

金融系の方々に多いのですが、ウンウンと速いテンポで頷いて、企画書をプレゼンの進行にかまわずザッと眺めてしまったり、やたら礼儀正しいわりに無表情で何がホンネかわからない人たちです。

また、官僚系の方々の中には、はじめからこちらの提案を自分への攻撃と受けとめるような輩《やから》もおられます。民間企業ではお互いの長所を組み合わせて商品やサービスをつくるのがあたり前なのですが、相手の長所を利用しようという基本的な態度ができていない。学校関係者や教育委員会の人にも多いですね。

どちらにしても、このタイプの人と会話がかみ合わないときには、急がば回れで、手を替え品を替え問いかけて、相手が乗ってくるポイントを探し出すしかありません。質問をくり返すうちに、もし共通点が一つでも見つかれば、突破口は開けます。

概してこういう人はプライドが高いから、自分の話したいところでは饒舌《じょうぜつ》になる。いったんそこまで戻って、会話がかみ合うよう、組み立て直しましょう。

「きく」という言葉には、漢字がいくつもあります。

「聞く」は、音や声を耳で感じとる言葉。質問や、他人の指示に従うという意味にも使います。

質問するという意味だと、本来は「訊く」という漢字をあてる。

「聴く」は、注意して聞き取ること。

「聴く」ためにはまず「訊いて」「聞いて」「聴きまくる」。

1時間のうち45分くらいは聴く。こういう訓練をしていれば、逆にあなたが質問されたとき、きちんと返答できる技術も蓄積できます。

Question 17

会話のキャッチボールが上手くなるには？

相手の話に念を押します。
大きくうなずいて
確認の質問をしてみましょう。

会話はキャッチボール。

本物のキャッチボールでも、取れないところに投げたり、最初から剛速球を投げ込んでは受け取ってくれないでしょう。テニスの例と同じですね。

「問いかけ」で投げたボールは、相手の取りやすいところへ投げていますか？返ってきたボールから目や耳を離さずキャッチしていますか？

それでもうまくいかないなら、練習不足の可能性が高い。

はじめてグローブを買ってもらったり、テニスラケットを買ってきたとき、最初からキャッチボールやラリーをうまくできた人はいないでしょう。誰かに教わりながら、上手くなった。

会話もキャッチボールもテニスのラリーも一人だけでするものではありませんから、どちらかがうまくリードしてあげれば、上手にできる可能性が十分ありますよね。

この本を読んでいるあなたは、もはや会話のキャッチボールのコツを読みとっているはず。相手が慣れていないなら、あなたがコーチ役を務めましょう。

相手があなたの「問いかけ」をうまく受け取って答えてくれているときには、大きくうなずきます。

でも、それだけでは「ほんとうにこの人は話を理解してくれているんだろうか」と不安になるかもしれません。

そこで確認の質問をします。

「別な言葉でいえば、こういうことですか？」

と相手のいったことを、自分の言葉に変換して確認するのがポイント。

さらに10回に1回くらい、

「そうした見方は、こんな誤解を与える可能性はないですか？」

と疑問を投げかけてみます。その疑問が的を射たものなら「この人は私の話を聞き流していない」と相手は逆に信頼感を高めてくれるでしょう。

こうなると、あなたの問いかけで次々と答えを引き出せますから、会話はどんどん弾みます。

大リーガーのイチローだって、子どものころ、父親とのキャッチボールから始めたはずです。さあ、あなたも、まず身近な人とのキャッチボールから、会話の練習を始めましょう。

12

Question 18

「気まずい沈黙」が続くことがある

沈黙が会話を演出することもあります。
ジーッと黙った次の瞬間
何かが得られるかもしれない。

ご近所の顔なじみや会社の上司の中に、口の重い、ブスッとした人はいませんか？ ひとりくらいは心当たりがあるでしょう。

人と会って話をするのが仕事のような営業の世界でも、無口な人はいます。購買部や資材部、バイヤーの人の中にも当然います。

会話をしているとき〝突然の沈黙〟って恐いものですよね。

私はとくに沈黙が苦手なので、ついしゃべりまくってしまうのですが、相手が無言だと不安になります。

楽しくないのではないかと思うと、ますます心配になり、余計しゃべりすぎて墓穴《ぼけつ》を掘ったり。

あるとき、営業に行った先で、いたたまれない気持ちになって黙り込んでしまったことがあります。

逃げるに逃げられない。5分以上（と感じたんですが、実際には1〜2分だったのかもしれません）、脂汗を流しながら沈黙していました。

中座する理由を考えはじめたとき、相手が「そっちじゃなくて、こういうタイプはないんですか？」とあらためて口火を切ってくれました。

沈黙の後に、向こうが助け船を出してくれたわけです。

沈黙は、悪いことばかりではないし、恐れる必要もない。相手が沈黙するのは、会話の内容について、思いを巡らしているからかもしれないから。

人と会って話をしていれば、こちらもあちらも、すっかり困って黙ってしまうことが当然あります。

要は、その沈黙に耐えること。

沈黙に耐えたあとだからこそ、相手から助け船もでる。そこには相手のホンネが出てきます。

だから、もうどうしようもなく行き詰まってしまったときには、突破口として「黙ってみる」というのもアリ。

今まで一所懸命にしゃべっていた人間が急に黙り込むわけですから、相手もそうとう不安になります。

普段よくしゃべるタイプの人が押し黙れば、落差がとても大きいので、相手に与える〃！〃も大きい。

もちろんリスクもありますから、テクニックとして覚えたり技術を磨いたりする筋合いのものではないでしょうね。

私が何度か経験した沈黙も、どうしようもなくなって、泣きたいくらいの気持ちで押し黙っていたのですから。

また、一所懸命にプレゼンや売り込みをしていても、最後に結論を迫ると、かわされたり逃げられてしまうことがあります。押し切られるのはイヤなんですね。

プレゼンを受ける側の立場で考えてみると、誰しもみんな「自分の判断で決めた」と思いたいところがある。

決定権が小さければ小さいほど、ささやかな「自分の判断」に固執する人もいる、という意地悪な見方もできます。ハンコの位置が違うとか書式が違うなど、細部にこだわる人も。

でもこれは、人間の卑小さを示しているばかりではなくて、コミュニケーションへの切実な欲求が背後にあるような気もするんです。

相手の言うがままではどうもおもしろくない、自分で決めたいという気持ちの背景には、自分もエネルギーを交流させたいという欲求がある。相手が「私も発信したい」と秘かにサインを送っている可能性があるということ。

そんな切ない思いを抱く相手に、立て板に水の説明では、いくら起承転結がはっきりした上手いプレゼンでも、「わかっちゃいるけど納得できない」ということが起こる。

結局、エネルギーの流れが一方通行だと、頭では理解できても、納得したうえでの行動には結びつかないんですね。

いったん「沈黙」によって呼吸をとり、一方通行になっていたり、滞《とどこお》っていたエネルギーを動かすように、相手に働きかけてみましょう。

Question 19

琴線にどうすれば触れられるのか

子どものころの話を聞いてみてください。
できなかったことや
やっちゃって叱られたこと、
思い出の中の物語には素顔が隠されています。

「出身大学はどちらですか？」

それほど親しくない人に学歴を尋ねるのはタブーとされています。でも、出身中学について尋ねることは失礼にはあたらない。どこの、何という中学に通っていたかを聞くと、誰もが記憶の糸をたどりながら話してくれます。

中学時代って——ちょうど子どもから大人へ変わる思い出深い時期ですから。

あるいは、中学時代より、もっと小さなころのことを尋ねてみましょう。くり返し「問いかけ」て、相手の琴線にヒットするポイントを探すとき、確率が高いのは子どものころの話です。

しかもそこには、相手の世界観の大元《おおもと》になったものごとが潜んでいることが多い。

「万引きが見つかって警察署に連れていかれた」

「朝から晩までマンガばっかり描いていた」

「母が近くの学校の校庭で、バイクを無免許運転させてくれた」

「いつも優秀な姉と比較されて辛かった」

などなど、小さな頃の物語の一点から、相手があふれるようにしゃべり出す瞬間があります。ふだんは無口でも、子どものころの思い出を話し始めると、とたんに饒舌《じょうぜつ》になる人も少なくありません。

そこには、大人になってからの肩書きや役割意識に隠された〝素顔〟があります。

今は威厳のある人物然としているけれども、昔はガキ大将の後ろを追いかけている少年だったんだぁ、とわかったり、兄弟へのコンプレックスがにじみ出たり、この人の商売感覚は商売人をやっていた親ゆずりなんだなぁ、とわかったり。

できなかったことや、やってしまって叱られたこと、何度やってもダメだったことなど、マイナス・イオンの話をいっぱい聞きましょう。

逆に、あなたからも子どものころの失敗やコンプレックスなどを話してみることで、お互いそれほど意識しないで「認められた」という感情がわき上がってくることがあります。

「私の場合、補導《ほどう》こそされませんでしたが、やはり、欲しくもないものを盗もうとしたことがあります。大人になってからヘンなクセになるよりいいですよね」

「それでイラストが上手いんですね。僕はもっぱら習字でした。父親にイヤイヤ習わされていたから、ものにはなりませんでしたけど」

「私も優秀な兄としょっちゅう比べられてつらかった。お前の成績を見て、はじめて通信簿に〝3〟ていう数字もあることを知ったなんていわれましてね」

それまでのイメージとは違った一面を発見したり、マイナス・イオンで結びつき始めると、あなたの「問いかけ」は的確に相手の琴線にヒットしはじめます。

Question 20

会話するエネルギーを蓄えたい

相手が思わず同僚に
語ってしまいたくなるような
そんなトピックを会話に盛り込んでください。
トピックの〝！〟と同じだけ、
コミュニケーションのエネルギーが貯まります。

私たちは、人と人とのつながりの中で暮らしています。

月並みな言い方ですが、1人だけで生きている人間はいません。コミュニケーションをしながら、ヒトは存在しているのです。

出会いに〝！〟が必要なように、あらゆるコミュニケーションも〝！〟を養分にしています。

友人や同僚はもちろん、家族であっても、会話の中に〝！〟がなくなってしまうと、コミュニケーションが痩《や》せていってしまう。これでは「人間関係」のピンチです。

あなたの話した相手が思わず同僚に語ってしまうような話題を、ひとつだけ会話に混ぜましょう。「人に伝えたくなる話」には豊富な〝！〟の養分がつまってる。

思わず誰かに転送してあげたくなるようなメールもあります。たいていは、ちょっとした〝！〟が伴う話題。

自分でおもしろかったと思ったら、何でも人に伝えましょう。「おもしろい！」と思う感覚と、人にそれを表現する技術が「自分ネットワーク」を育てるからです。

ずいぶん前の話題ですが「Q33NY」ってご存じでしたか？

ワープロソフト（MSワード）を立ち上げて、半角でQ33NY（クイーンズ通り33番地ニューヨーク：貿易センタービルの地番）と打つ。で、フォントをWingdingsにする。偶然か暗示か、誰が見つけたのかわかりませんが、この話題は世界中をメールで駆け巡りました。事件の悲惨さを思えば、けっして気分のいい話題ではありませんが、それでも思わず誰かに転送したくなってしまうような〝！〟のあるメールだった。

あるいは、こっちはどうですか？

「グーグル」のマップのページを開いて「日本橋本石町　日本銀行」と入力。航空写真をクリックしてドンドン拡大していくと、アーラ不思議、緑色の巨大な「円」という文字が浮かびあがってくるではないですか。

人に伝えたくなる話ができる人は、一目置かれます。

でも、こういうネタを、むやみやたらとたくさん仕入れておく必要はありません。あまり頻繁《ひんぱん》だと〝！〟は薄くなるし、質が下がるとかえって逆効果。

会話する楽しさは「心を通わせて理解し合うこと」を求める気持ちから生まれます。メールをやたらと送ったり、名刺や年賀状をばらまいても、もはや何の意味もないことが、わかっていただけたでしょう。

手を伸ばせば触れられる身近な人との関係をまず深められることが、豊かな人間関係を築く第一歩。

すばらしい「自分ネットワーク」を築くために、さあ、今日も、目の前の1人との関係を深めることから始めましょう。

Ⅳ

あなたが「リスペクトされる人」であるために

Question 21

人間関係に、コツってあるんでしょうか?

はい、コツがあるように思えます。
とりわけ重要なのは
すでに解説した五つでしょう。

一つ目、まず、人間に関心を持つこと。

他人に関心がなければ、人間関係を豊かにしていくことなど、煩わしいだけでしょう。なんとか利用しようとして、引きつった笑顔でお友達になった振りをしていても、いずれはバレてしまいます。


二つ目には、強みだけでなく、弱みでもつながること。

「マイナス・イオンの法則」について解説しましたが、できること、長所、強みだけでつながっているのはくたびれるもの。

同じだけ、できないこと、短所、弱みでつながりましょう。そのほうが、長持ちしますから。

三つ目には、組み合わせる力が縁を倍加するということ。「情報編集力」と呼ぶのですが、ある人とある人の共通点に思い当たったり、レゴブロックのように組み合わせることで新しい世界が創出でき、結果的に鬼に金棒の関係になったり。自分と他者だけでなく、他者同士をつなげていく「連結器」や「補助線」が見えるようになるといい。

四つ目には、知恵を借りる姿勢を崩さないこと。他人に常に講釈しようというような、うるさいオジさんモード、あるいは先生モードでは人間関係は豊かになりません。

聴く姿勢が百倍大事。

聴くことが上手な人には、関わる他者の脳がネットワークされ、自分だけで頭を悩ましていた段階から数段、考えを進化させることができます。

自分という存在を「自分ネットワーク」の総体だととらえ、「ネットワーク脳」を豊かに育むことが自分の知恵を豊かにしてくれるんだという感覚が持てるかどうか。

五つ目には、相手の言葉で語る技術。

相手の頭の中に「A」と「B」という要素しかないのに、「C」という新しい要素を説得しようとしたら恐怖感が芽生えるだけでしょう。

だから、「C」を「A」と「B」の関数で語らなければならないわけです。

今度発売した製品Cは、従来品のAの良さとBの良さを足して二で割った機能ですといえば、AとBしか頭の中にない人でも、Cのイメージがつかめます。

プレゼンテーションというのは、理路整然と自分の考えを説明することではなく、自分の中にあるイメージを、相手の頭の中に像として結ぶ行為なんだってこと。

その際、動員するのは、自分の頭の中にある珍奇な思いつきではなくて、相手の頭の中にあるイメージの束なんです。

だから、相手をよく知る必要がある。

訊いて、聞いて、聴きまくることが基本だと言いましたよね。

Question 22

人間関係を豊かに保つために、犠牲にすべきことはあるでしょうか？

私なら、テレビとケータイを犠牲にします。
両方とも、ものすごく楽しいし
人を捉えて離さない力があるから。

テレビを見すぎると、どんな影響が出るか。

まず、テレビで語られていること、ニュースのトーンやキャスターの解釈が、繰り返し繰り返し放送されることで正しいと思い込んでしまうこと。友人に語っている自分の意見が、いつのまにやら有名タレントやジャーナリストやテレビ評論家のコピーだってことにふと気づいて、「アレッ」と感じた経験はありませんか。

つぎに、テレビは気を紛らわせたり、ボーッと頭を休めるのにはいいけれど、けっしてテレビの前の自分は考えようとするモードにはなっていないということ。

最後に、テレビ番組には限られた時間で多くの人に納得してもらうことが要求されるため、どうしても作りが単純な二項対立の図式にはまってしまう。ものごとには左翼もあれば右翼もいて、その間にさまざまな色合いの諸派が群雄割拠しているんだけれども、そんな面倒くさいことは長いドキュメンタリーでしか解説しきらないでしょう。

だから、ほとんどの番組が「右か左か」「イエスかノーか」「勝ちか負けか」「白か黒か」「いいもんか悪もんか」で決着をつけようとします。結果、テレビを見すぎている人の思考パターンも「右か左か」「イエスかノーか」「勝ちか負けか」「白か黒か」「いいもんか悪もんか」の単純な二項対立に。「テレビ人格」とでも呼べるかな。

これではけっして論理的な思考を深めるどころではなく、どちらかに早く決めてしまおうとするような感情優位の傾向に拍車をかけることになるでしょう。

ケータイの使い過ぎはどうでしょうか。

たえず「誰かにコールされていないと不安だ症候群」が煽られますね。

電車に乗ると、座るが早いかケータイ画面を開いてサルのようにメールをチェックする人。はたまた、夕食のテーブルにブルブル震えるケータイを常に置いておかないと気がすまない人。「いつ友だちからメールが来て、返事が遅いって言われてハブられる（イジメられる）かわからない」と不安におののいているからです。どちらも人間関係を深めるという態度からはほど遠いですね。

また、「ケータイ人格」ともいうべきクセを持つ人種が増殖している気もします。

会話がメールモードになっちゃっている人です。お互いに考えを交流させる対話《ダイアローグ》ではなくて、本人は気づかないんだけれども、独《ひと》り言《ごと》の応酬になっている。「私はこう、僕はこう、なら私はこう、ぼくはやっぱりこう」というような、相互に影響しあうことのない会話。ただ、隙間を埋めるだけの会話です。

時間に対する感覚も変わってきますね。いつでも連絡を取れると思えば「来週のいついつ、どこどこの前で」という待ち合わせの約束の緊張感は薄れるでしょう。行けなければ直前にメールを入れればいいし、先に行った連中がどこで食事しているかは、ケータイで聞けばいいことですから。

何かを決断する覚悟とか、潔《いさぎよ》さというような「仕切り」の感覚は、限りなくなくなっていくはずです。

しかし、人間関係を豊かにするには、常に他人との関係に思いを馳せながら思考することが大事だし、覚悟や潔さが人を引きつけることも事実。

さて、こうなると、どうテレビとケータイの使用を自分自身で制限するかに、その人の人生の仕切り感覚も現れるといえそうですね。

Question 23

話が面白い人と面白くない人がいるのはどうしてだろう？

面白い話は圧倒的に体験談。
つまらない話をする人は
「べき論」「評論」「一般論」ですね。

「最近の若者には愛国心が足りない。だから、日本はもっと愛国心を教育すべきだ」という「べき論」を声高に論じるより、「まずは地元の公立小中学校を復興すること。信じられる学校にすること。自分が通った小学校に、なんでもいいから懐かしさを感じる心持ちこそ、愛国心の拠《よ》り所なんじゃあないですか」と語った方が、より改革の方向性が具体的にイメージできるでしょう。

「テレビのバラエティ番組が低俗で困る。子ども達に見せるのに教育上よくない。だから、テレビ局は自主規制せよ」と、「評論」するより、「子ども達は一日平均2時間15分以上テレビを見ていて、年間だと800時間になる。それに対して、学力に関わる英数国理社5教科の学校での年間総授業時間数は400時間。授業がテレビの半分じゃ、結果は見えてますよね」と指摘した方がスゴミがある。

「一般的には地域社会が壊れてしまったことで、子ども達のコミュニケーションのあり方も変質してしまい、言語そのものへのダメージも大きい」なんて理屈をこねるより、「想像してみてください。子どもがコンビニにマンガを立ち読みに行って、帰りにコーラ1本買って帰って来るのに、一言も話す必要ありませんよね。自動販売機もエレベータも、むこうが喋ってくれる時代。つまり、大人が作り上げたチョー便利社会は、子ども達を黙らせてしまう社会なんですね」というようにたとえた方が、はるかに説得力が増します。

抽象的な指摘より具体的な指摘。数字での例示。わかりやすい、たとえ話。

「日本の子ども達の自己肯定感が低いのは、大人が子ども達を承認する機会が減少してしまったからである。彼らは自分の居場所を求めている。学校でも、家庭でもない居場所を。なぜなら、学校では先生にあらゆる面で評価されてしまうし、家庭でも親から評価される。先生や親から、ダメだと否定されたり、怒られることも。だから、それ以外の人間関係が生きるために必要になるのである」

『日本の子ども達の自己肯定感が低いのは、ナナメの関係が不足しているからである。想像してみて欲しい。昔あった地域社会は跡形もなく崩れてしまった。結果、危ない遊びを教えてくれたお兄さん、怪我をしたとき優しく介抱してくれたお姉さん、八百屋のオジさんも駄菓子屋のお婆ちゃんも今はいない。人間を育てるのは、先生と親だけじゃない。豊かなナナメの関係が必要なのである』

さて、どちらがより、あなたの心にヒットしたでしょうか。

Question 24
どうすれば「自分ネットワーク」のつながりを維持する時間ができるのだろう

一日の時間を三つに分けること。
抱え込んでいた余計な仕事を省いて、
スパッと帰れるようにしましょう。

仕事上の会食がある場合、夕食の時間を使わないで朝食か昼食で済ませます。飲まないと本音が言えないような相手とは、所詮ろくな仕事はできませんから。

こうすれば、夕食では、直接仕事とは関係のない大人達との関係を優先できます。大事な人であれば、家に夕食に招いたり、家の近くの美味い店でリーズナブルな値段で接待するのもいいでしょう。いずれにせよ、自分の自宅のある地域社会を舞台に、夜のコミュニケーションを演出すること。このクセをつけておくと、家族を持っても、子どもが成長しても、自分ネットワークが夫婦の関係や家族の関係をより深めてくれることになります。

8時半か9時半には夕食を切り上げ、だらだらと二次会には行かない。自宅近くのテリトリーなら相手を駅まで送って帰すだけですから、この時間管理は容易ですね。

こうすると夜10時からの時間が、三つ目の関係をメンテナンスする時間として使えます。パソコンに20～30通（スパムメールを合わせると数十通以上）来ているメールに目を通し、丁寧にそれに答えることができます。1時間で済めば、12時まで1時間本を読むことも。

たまには、ほろ酔い加減で風呂に入り、眠くなってしまって10時には寝てしまうようなこともあっていいじゃあないですか。

私の場合、昼間は一切メールを見ません。ケータイも使いません。

学校に勤務しているので、昼間は生徒や先生と向き合うのが仕事。授業を観察し、学校を支援してくれる関係者と会い、可能なら夕方から着替えてテニスやサッカーの部活で汗を流す。生徒達の学びを昨日より今日、今日より明日と豊かにすることが仕事ですから、それ以外の仕事はしたくないわけです。門の前に落ちている吸い殻を拾って歩いたり、花を植えたり、トイレの紙ゴミを片付けるのも率先してやります。いずれも中学校での学びの価値《バリュー》を高めることに繋がるからです。

生徒にとっての価値の最大化、それ以外のことは仕事じゃあないんですね。

だから逆に、匿名のクレーム電話には付き合いませんし、保護者からの度を超えた要求にも耳を貸しません。教育委員会からの書類でも必要ないと思われるものは提出しませんし、会合にも出ません。業者の接待は受けないし、用のないときには、さっさと先に帰ります。

こんなふうに自分の仕事をリストラすることから、時間づくりは始まります。

Question 25
リスペクトされるって、どうしたらできる?

「クレジット」
他者から与えられた信用と共感が大きい人が
リスペクトされます。

だから、勉強をするのも、仕事をするのも、NPOや会社を経営するのも、役所で働くのも、何故しているのかと問われれば、それは、「クレジット」レベルを高めるためなんですね。

「クレジット」レベルの高い人がリスペクトされる。これが社会の原則。セレブだからリスペクトされるのではなく、「クレジット」レベルが高いと世の中でリスペクトされるからセレブになれる、という順番です。


ちょっと変わった例を挙げましょう。

これは、私の中学校が入学式で保護者に渡しているレターです。

このレターの何が「クレジット」なのか、なにがリスペクトされるのか、分かりますか？

［保護者への5つのお願い］

和田中学校　校長　藤原和博

1　和田中を選んでこられた以上、責任をもって参画していただきます

学校へ預ければ自動的に息子や娘が育って出てくるわけではありません。本校の教育目標「自立と貢献」にあるように、保護者には学校に貢献する意識を持っていただきます。授業も十分に参観したうえで学校を評価して下さい。

2　生徒の生活習慣が規律を持ったものになるようご協力下さい

規則正しい起床・就寝の時間管理、遅刻をさせないこと、挨拶、宿題や提出物・忘れ物のチェック、服装と身だしなみ（靴のかかとを踏まない、ズボンからシャツを出さない、スカートを折り込んで短くしない、化粧しないなどは常識の範囲です）、さらに、朝食を必ず食べさせることなど、基本的な生活習慣に属することは家庭の責任で指導して下さい。

3　テレビをつけっぱなしで見せている家庭の子の学力は保証しません

テレビは一日1時間強まで、番組を選んで見せて下さい。これで1年間のテレビの視聴時間が約400時間となり、英数国理社5教科の年間総授業時間数と並びます。2時間以上つけっぱなしで見せていると年間800時間以上となり、考える力に著しいダメージを与えます。テレビを1時間に抑え、そのかわり自宅学習を1時間15分以上させれば、自宅での勉強が年間に400時間積み増され、確実に学習したことが定着するでしょう。読書も保護者が率先してするよう心掛けて下さい。大人が読書しなければ、子どもが読書するようにはなりません。

4　ケータイは持ってこさせない、自転車通学はさせない

ケータイは学校への持ち込みを禁止しています。働いている保護者には不便かもしれませんが、持たせている場合には一度自宅に帰ってから使うようにして下さい。学校で見つけた場合は保護者に来ていただかなければ返しません。自転車も事故が多いので禁じています。なぜ通学に使えないか、子どもには「あなたには大人として事故

の責任がとれないからだ」とはっきり伝えて下さい。なお、バス通学は許しています。

5　子どもに仕事を与えること、続けさせること

子どもには、家庭でさまざまな仕事を分担させて下さい。学校でも毎週水曜日の朝に掃除をする「水曜ボランティア」や職業体験での保育園・老人ホームでのケア、あるいは近くのホームへの合唱・合奏の慰問など多くのイベントがありますが、日常的な仕事の分担と地域でのボランティア活動は職業意識の自然な醸成に必須です。

家族の一員として当然やるべき仕事や勉強の成果としての成績の上昇に対して、金品を動機づけの手段とすることは避けて下さい。「ありがとう」「よくがんばったね」という親子の言葉の交流こそが自己肯定感（だいじょうぶ、自分には居場所があるという確信）を育てます。

また、いったん始めたことは、中学3年間で身に付けた資産となるよう、是非とも続けさせて下さい。苦しいこともあったが続けられたという自信と「集中力」は一生の財産になります。

以上

普通だったら、保護者に怒られちゃうような失礼な文面ですね。でも、逆に歓迎されるんです。

それは、学校が生徒のために真剣にお願いしているからですね。このお願いは、校長の私欲のためでも、学校のメンツのためでも、文部科学省や教育委員会の指示でもありません。

子ども達の学力、体力、生きるチカラの向上に真摯に取り組んでいる姿勢が「クレジット」を高めている。

その結果として保護者から受け取ったリスペクトの量は、入学生徒数の増加となって現れました。5年で生徒数が倍増したのです。

Question 26

他人からの「クレジット」を高めることが、どうして必要なのか？

日本の社会が「パワーゲーム社会」から「クレジットゲーム社会」に移行したからです。

日本の社会は、長く「情」で結びついた村社会でした。外部からの異質な侵入者を外敵と呼んで攻撃対象としたり、内部の安定を図るため、ときにスケープゴートとして利用したりしました。村の内部では、人々は同質であり平等であるという幻想を維持しやすかった。ですから、個別のキャラが発揮されるのは、お祭りのような特殊な状況、つまり、狂っても許される時期だけに限られました。

同質性や平等性を保障したのは、もともとの人間の気質ではなく、嫉妬という心の働きを支配者が上手く利用したからです。嫉妬心は、村社会では自動的に働く警察の役割を果たしていたわけです。だから日本では、長い間、比較的犯罪率の低い状態が維持されました。

情で結びつく、こうした閉鎖社会のなかでは、情を集めてパワーとしたものが権力を握ります。政治家・田中角栄氏の例を出すまでもないでしょう。情のピラミッドを組織して、その頂点に立つものが偉い。

だから、その権力を持つものに媚びることは村社会の当然の処世術になりました。権力のあるものから情で権力のおこぼれをもらうこと。媚びれば媚びるほど得をするという合理性がそこにはあったのです。

なぜ、情の社会は崩れたか

ところが、日本の社会は21世紀に入って、まったく異なる性質を持つ社会を指向するようになります。

理由は三つ。

一つは、人々はもうけっして同質であり、平等であるとは信じられなくなったからです。人はみな別々である、という当たり前の事実がバレてしまった。

国民のほとんどが総中流であったよき時代は80年代の10年ほどで去り、所得レベルの分解はすでに始まっています。年収400万円から800万円にほとんどの人が入っていた時代から、年収100万円から200万円前後の人と、まん中へんの人と、数千万円以上稼ぐ人。日本人は、経済的には、そんな3層くらいのクラスに分かれていくことになるのでしょう。

外国人の流入も、この傾向に拍車をかけます。同じ電車に乗り合わせた隣の人が自分と同じようなことを考えているとは限らないのです。

二つ目には、別々に散らばった個人のある属性を集めて、パワーとして使う手法が確立されたこと。言わずと知れた「ネットワーク」の効用です。

自分がメッセージを発信し、それを読んだ不特定多数の人が反応してくる方法は、昔なら新聞の尋ね人欄か、町内会の掲示板か、駅の伝言板くらいしかありませんでした。それがネットによって急速に広域化し、人と人との異質なキャラ同士を結びつける「この指とまれ」機能が安価で実現してしまったわけです。

一つ目は、いわば、情で結びつく村社会の内部崩壊。二つ目は、それを促進する道具の登場。ネットは、どこまでが村の内で、どこからが外なのかの意味をなくしてしまいました。

そして、三つ目には、情で結びつく村社会を保障していた外部構造の変化です。国と企業社会の変質という事件。

国はもう、国民の幸せを丸ごと保障することを諦めざるを得なくなりました。企業もまた、同じように従業員の終身を保障することを投げ出してしまった。

国のために貯金をしても、増えなくなりました。私の小さいころ、母からよく「できるだけ貯金しなさい。10年預ければ倍になるんだから」と諭されたものです。年率8％程度の利子があれば、これには十分な合理性がある。ところが現在の金利だと、倍になるのに1000年以上かかってしまう。年金もずいぶんインチキ臭いものになりました。だから、自分の資産は「見える資産」も「見えない資産」も合わせて、自分で守り育てなければならない時代に入ったのです。

考えてみれば「あらゆる選択にはリスクがあり、51％以上の自己責任がともなう」

という当たり前のルールに気づくのに、何十年かかったことでしょう。

私立ばかりでなく、公立の義務教育の学校希望制も始まりました。よく調べて選ばなければ、自分の息子や娘の人生に禍根を残します。介護保険の導入で、介護サービスも全国一律ではなくなりました。よく比較検討して、よりよいサービスを提供する事業者を選び抜かないと、お爺ちゃん、お婆ちゃんも浮かばれません。

村社会を外側から保障していた国と企業社会の構造が、もはや見直しを余儀なくされるようになったわけです。

情でなくて、なにが社会の要《かなめ》になるか

情で抱え、パワーで支配する構造は、国でも企業でも破綻し始めました。嫉妬心を警察官としながら、内部的には平等を装い、他方、外敵に目を向けさせてガンバリを鼓舞するという古い手法は、その有効性を失っていくでしょう。

情がいらないとか、義理と人情の世界は終わったと言っているのではありません。次の時代に、相対的に高まってくるものを指摘したいだけです。

ではいっぽうで、高まってくるものはなにか。

それは、異質性をはじめから認めあう意識でしょう。

人はみな異質なキャラを持っていることを認めあい、その異質性が組み合わされることによって、前時代とは異なる安定をもたらす社会です。

ひたすら同じ大きさの石を組み上げたピラミッドのようなモデルではなく、異なる性質や形状の石を組んだ石垣のようなもの。バナナもイチゴもメロンもジューサーに入れて絞ったミックスジュースではなく、そのまま混ぜ合わせたフルーツサラダのようなもの。

そうした社会では、「情」が要ではなく、信頼と共感、つまり「クレジット」が人と人とを結びつける要になります。

あなたはどんなキャラを持っていて、それが他人のどんなキャラと上手く結びつくのか。社会的にはどんなふうに役立つのか。そのことで、あなたは他人から、どれほどの信任を得られるのか。あなたに付与された「クレジット」のレベルが、あなた自身の自由度を決めていきます。

「クレジット」レベルが高ければ多くの人からアクセスされ、あなたは、より多くのエネルギーを集めることになります。結果、あらゆる課題の解決のために調達できる資源が増え、人生の選択肢も増えることになる。だから、「クレジット」レベルの低い人より、はるかに豊かな人生になることは自明でしょう。

何かのテーマについて考えるプロセスだけをイメージしてみても、「クレジット」レベルの高い人は他人の知恵と技術を借りることで、結果として、いい考えを導き出す確率が高まります。「ネットワーク脳」と呼ぶのですが、この効用については次の章で詳しく書きます。

いっぽう、「クレジット」レベルの低い人には他人が知恵を貸しませんから、狭い世界観での乏しい決断になる可能性が高く、視野狭窄に陥る危険も増してしまいます。

V

人間関係から生み出されるチカラとは？

戦後の成長社会では、メーカー（製造業）に代表される「もっと早く」「大量に」「標準的なものを」という価値観が支配しました。

そうした共通の価値観をベースにして、万人にとっての「正解」がいたるところにあったし、見えやすかった。たとえば、昭和30年代にはみんなテレビが欲しかったし、やがて車が欲しくなり、家を買ったり建てたりするようになった。いい大学へ入って、いい会社に入れれば、みな課長くらいにはなれて、受けとるはずの退職金や年金も計算できた。だから、社会のいたるところで、学校で教えられた「正解」が通用したし、人生のコースとしての「正解」もあるような気がしたものです。

ところが、日本が突入した成熟社会では、これがいささか異なってきます。

成熟社会とは、みながある程度豊かになって多様な選択ができるようになり、それまでのように一丸となってではなく、バラバラに動き始める社会のことをいいます。高齢化と、あらゆる分野での国際化がこの傾向に拍車をかけます。

豊かさと多様さが混じりあう成熟社会では万人にとっての正解はないから、自分自身が納得でき、かつ関わる他人をも納得させられる解が歓迎されます。これを「納得解」といい、「納得解」を導き出すチカラのことを「情報編集力」と呼びます。

情報処理力と情報編集力

日本の成長社会を牽引したのは、「情報処理力」に優れた官僚を含むホワイトカラーとブルーカラーでした。

「情報処理力」とは、決められた世界観の中でゲームをするとき、いち早く「正解」を導き出すチカラです。「欧州の人間としては初めて、コロンブスがアメリカ大陸を発見したのは何年？」と問われて、「1492（イヨー、クニが見えた！）年」と瞬時に答えられるかどうか。

記憶の中に正解をたくさん蓄えておいて、問われたら、瞬時に憶えている正解を言い当てるチカラです。学校の教科授業では、このチカラをつけるために教師は知識を正解の体系として教えています。教育界の関係者であれば、IEA（国際教育到達度評価学会）が実施したTIMSS調査（算数・数学及び理科の到達度に関する国際的な調査）が測る「学力」だと言えば分かりやすいでしょう。

テストで採点すれば正答率、つまり見える学力として現れます。だから、お母さん達が学力のことをいうときは、たいてい「情報処理力」のことを指しているのです。狭義の学力といってもいいですね。

対して、これからの成熟社会でより大事になるのは、身に付けた知識や技術を組みあわせて「納得解」を導き出すチカラ、すなわち「情報編集力」です。「コロンブスがアメリカ大陸を発見したあとに、人々の世界観はどう変わったか？」について自分の頭でイメージできるかどうか。それが、ひいてはアメリカ大統領選の影響や北朝鮮の未来を予測し、自分の仕事や生活と、そうした世界の変化の関係性を連想する力にもつながっていきます。

こちらはテストでの採点が難しいから、見えない学力とも呼ばれるけれど、本番に強い人、いつも運が良いように見える人、世の中の景気と無関係に元気な人に共通のチカラでもありますね。「運が良い」ことを、「縁をたぐり寄せる編集力に長けている」と評価することもできるわけですから。

「情報編集力」は、正解をいくら憶えこんでもつきません。むしろ、失敗と試行錯誤をくりかえすこと。正解が一つではない課題にどれだけ遭遇し、どのように立ち向かったかによってつくチカラです。教育界の関係者であれば、ＯＥＣＤ（経済協力開発機構）が実施したＰＩＳＡ調査（ＯＥＣＤ生徒の学習到達度調査）が測る広義の「学力」だと言えば分かりやすいでしょう。

ＰＩＳＡ調査で出題された有名な「壁の落書き」問題を解くチカラを想像してみてください。こんな感じの問題です。

「公共の壁に落書きをするのは犯罪的であると主張するＡさんと、街のいたるところで目にする会社の広告や店の看板と同じコミュニケーションの一種なのだから許されるべきだと主張するＢさんがいます。あなたの意見はどちらに近いですか？　その理由とともに述べなさい」

正解はありませんから、記憶の中から正解を引っ張り出そうとしても無駄な抵抗です。だから、蓄積した知識、技術、経験と照らし合わせて、自分自身が納得のいく「納得解」を導くしかないわけです。

「情報処理力」と「情報編集力」は、「アタマの回転の速さ」と「アタマの柔らかさ」

と言い換えてもいい。不確実で変化の激しい社会を生き抜くには、アタマの切れが良くて、しかも柔らかい思考ができるほうがいいですよね。

さらに、「情報処理力」と「情報編集力」の違いを際立たせるために、別のたとえ話をしましょう。

「情報処理力」は、いわば、ジグソーパズルを早くやり遂げる力。一つのピースに正解の場所はたった一つ。ただし、全体の図柄、たとえばディズニーのキャラクターとか、お城のある風景とかは、メーカーにあらかじめ決められちゃっていますね。「情報編集力」は、レゴブロックをやるときに要求される力。一つ一つの部品はシンプルだけれど、組み合わせることで、宇宙船にも家にも、文字通り街全体をつくりだすことも可能です。全体の図柄のような世界観自体をつくりだす力なんですね。

自分自身の人生観や幸福感もそう。もはやみんなに共通して「正解」だと思われる幸福のパターンなんてありませんから、「情報編集力」がなければ、幸福感もつかめないことになってしまいます。自分の「納得できる解」としての幸福が、です。

パイが変わらない世界の中でも、選択肢の幅を広げ、人生を豊かに生きるには「情報編集力」が欠かせないことは、火を見るより明らかでしょう。

情報編集力はどうしたらつくのか

学校の教科をしっかり学習することは、「情報処理力」をつけることに貢献します。話題になった、読み、書き、計算の基礎学力もそうですね。

私の感覚では、「情報処理力」対「情報編集力」の学習比は、小学校で9対1、中学校で7~8対2~3、高校で5対5くらいが適切だと考えます。大学では、100パーセント情報編集力を付けてもらいたいところですが、日本の大学では、入学する学生の学力レベルが下がってきているということもあって、それができないでいます。

もっとも、昔から、小学校から高校まで、学校では「情報処理力」の側の勉強、つまり正解をたくさん詰め込む教育が大半で、「情報編集力」の側なんて、それほど意識していなかったはずだと指摘する教育者もいるかもしれません。

そのとおりなんですね。

昔は、学校では、正解をひたすら教えていれば良かったんです。

なぜかというと、失敗と試行錯誤を繰り返すことによる「情報編集力」の側の学習は、学校ではなく、地域社会が引き受けてくれていたからです。この場合の「地域社会」には、兄弟が多かったり、親戚付き合いもあったり、お爺ちゃんやお婆ちゃんとともに暮らしていたり、隣近所とも頻繁な行き来があった「家庭」という社会も含まれます。そんな多様なメンバーによって構成された家庭でも、その家庭と学校の間にある地域社会でも、正解のない例外事項や時事問題がしょっちゅう出題されていたんですね。だから、「納得解」の導き方は自然に鍛えられた。

ガキ大将の目を盗んであの娘と遊ぶにはどうしたらいいか？　駄菓子屋さんのお婆ちゃんにどんなふうに交渉したら10円にまけてもらえるのか？　どうしたら、秘密基地の在り処を教えてもらえるか？　買ってもらえないなら、どんなものを代わりに使えば同じように遊べるか？　拾った猫を飼ってもらうにはお母さんに何と言い訳したらいいか？　かっこいい犬小屋を作るには、どんな技術が必要か？

地域社会は、このように、正解のない例外事項を教える学校でした。

だから、地域社会の機能が著しく衰えている現代社会にあっては、正解が一つではない例外事項についても、学校で学べる機会をつくらなければならない。そうした問題意識から生み出されたのが、私が実践している「よのなか」科という教科なのです。「納得解」を導くための「情報編集力」を身に付ける教科。中学校3年生に総合と道徳の時間を使って実践しています。

「よのなか」科が大事にしているのは、一つ一つの知識ではなく、事柄と事柄の関係性。どんな知識とどんな知識を組み合わせると世の中で役に立つのか。実際に起こる社会的な問題の解決にはどんな経験が関係してくるのか。納得できる解を導くには、どんな思考技術を身につけなければならないか。

常に関係性に思いを馳せるクセをつけるわけです。

そのためには「ロールプレイ」と「シミュレーション」という、ゲーム的な思考法に強くなることが要求されます。

まず、「ロールプレイ」。

たとえば、ハンバーガー屋さんの店長になって出店計画を練ってみる。起業家になって、ゴムという身近な製品に付加価値を付けてみる。建築家になって自分の将来住みたい家をデザインしてみる。自転車を放置する人はなぜ放置するのか、その解決法とともに考える。市長になって税金を徴収し、それを投入して街をつくってみる。弁護士になって殺人事件を起こした少年の弁護をやってみる。自分が逆の性を生きるとしたらどうなるのか想像してみる。自殺志願者の心理を探り、それを抑止するためにはどんな話法が有効か、試してみる。なぜ日本は少子化するのか、べき論ではなく自分だったらどうするか、から考える。もし宗教家になったとしたらという仮定から、宗教の本質を考える……などなど。

だれか自分ではない他人の役割《ロールプレイ》を演じ、その人の思考回路で考えてみることで、アタマはドンドン柔らかくなります。

つぎに「シミュレーション」。

駅前にあるハンバーガー屋さんの一日の売り上げを、簡単な方法で計算してみる。円高や円安がハンバーガーやナイキのシューズの値段にどう影響するかを推論してみる。流行る店と流行らない店の違いを要因分析して分類し、だいじな要素に名前をつける。学校に冷房設備を入れる費用で、ほかに何ができるか考える。気になる二つの職業をチェックし、その二つを混ぜ合わせた仕事をイメージして、将来の新しい職業を予測する。衰退しつつある街の商店街にカレー屋さんをつくるとしたら、どんな知恵があるか、ブレーンストーミングでアイディアを出し尽くす。昔の人は、あることが起きると、まったく考えもしなかった影響が別のところに出てくることを「風が吹けば桶屋が儲かる」と諺にしたが、今だったら「風が吹けば、どういう影響が出る？」3段階、5段階、8段階と推論を進めてみる……などなど。

頭の中で推理すること。どうしてこうなるのか。この方法でなければ他にどんな方法をとることが考えられるか。これが起こると次に何が起こりそうか。推論《シミュレーション》は、ものごとの関係性に思いを馳せ、連想ゲームのように繋がりをイメージするチカラを養います。アタマはドンドン切れるようになるでしょう。

こうした思考実験は、人と人との結びつきのなかで学ぶことが多い事実に注目してください。なにより、他人との体験の共有やコミュニケーションそのものが「ロールプレイ思考」や「シミュレーション思考」の絶好の機会になるからです。つまり、対話《コミュニケーション》こそが、あなたのアタマを柔らかくする最も有効な手段になるわけです。

「ネットワーク脳」って何だろう？

たとえば、ある地図が示されて、「ハンバーガー屋さんを出店するとしたら、どこに店を出せば儲かるか？」という課題が出されたとしましょう。

「正解が一つではない」出題は、世の中のいたるところで問いかけられるはずです。大人の生活は、不断のこうした出題に対して、常に自分なりの「納得解」を探すことで満たされていきますね。

あなたが最初に思いついたのは、「やっぱり駅前は人通りが多そうだから、駅の前がいいかしら」という単純な解だったとします。

でも、普通、駅前商店街の地価はすごく高いでしょうから、店を出しても割が合わないかもしれない。また、競合店がすでに出店していることも多いでしょう。だとしたら、次に妥当な「納得解」はどんな場所にあるか？

もし、あなたが複数の友人を持っていて、すぐに相談できる環境にあれば、次のような知恵が友人から提供されることでしょう。

しょっちゅうクルマで出かける友人は、「主要道路でクルマの交通量が多いところがいいんじゃないかな。ドライブスルーがあれば、キャンプに行く前の子ども達の腹ごしらえも時間を無駄にせずに済むし」。

大学通り沿いに住んでいる友人からは、「駅から多少離れていても、このあたりなら大学生も寄るみたいよ。あっちの団地の人たちも、駅までの道はこの道を使うみたいだし、朝晩は人通りも多くなるから」。

小さな子どものいる主婦からは、「でも、住宅地って、昼間は寂しくなっちゃうのよね。小学校以上の子はみんな学校に行っちゃうし、会社勤めの人はオフィス街に出勤しちゃうでしょ」。

こうした知恵を寄せ集めれば、「駅前」とは違った「納得解」が導き出される可能性が出てきます。

最初にあなたが出した解は、自分だけの閉ざされた体験から得られたものでした。このへんにあればいいな、という感情に支配されたものだったかもしれません。

ところが、自分とは異なった経験をもとに他人が語る知恵は、あなたのアタマに新鮮な刺激を与え、知識と知識を今までとは違うやり方で結びあわせてくれる糸の役割を果たします。他人の脳とのネットワークがあなたの脳を進化させるわけです。

こうして、あなたのアタマの中には、新しい回路による新しい結びつきができあがる。「ネットワーク脳」の効用です。

それが非常に印象的で思いがけない繫がりだった場合、人はこれを「目からウロコが落ちた」と表現するのです。「目からウロコ」の体験ですね。

「コミュニケーション」っていうのは、他人のアタマと自分のアタマをつなげること。脳同士をつなげて新しい知識を生み出すための「知恵」だったんですね。

ものやサービスが良くなることに対するコミュニケーションの役割って？

不断のカイゼン（改善）の蓄積が商品やサービスを良くすることは、よく知られた事実です。

たとえば自動車会社に1万人の従業員がいて、1台のクルマのカイゼンを毎日毎日考えていたとします。毎日アイディアがあがりますが、そのすべてが使えるものとは限らない。ある部分についてのカイゼンを10人のチームで1年間に300個考えたうち、一つくらいは実現することになるとしましょう。それでも、全員参加で1000チームがそれぞれ同じ努力をすれば、1台のクルマが1年で1000カ所カイゼンされることになります。

1年に1000カ所、10年間で1万カ所カイゼンされて、よくならない商品やサービスなんて、あるわけないですね。

新幹線が年々格好よくなるのも、ゲームソフトが年々リアルになるのも、ケータイが年々高機能になるのも、同じ理屈で日々カイゼンがなされているからです。

この際、一番大事なのは、商品やサービスに関わる人間同士のコミュニケーションだということは言うまでもないでしょう。

「この部分をもっと小型化すれば扱いやすいんじゃないだろうか」「いや、こっちの部品の小型化の方が軽量化にも役立つよ」「でも、そこは自社ではつくれないし、外部に発注するとタイムラグが発生するからね」「ユーザーは、もっと軽くとは言ってなかったなあ」……という職場での不断のコミュニケーション。

あるいは、メールを使っての、外部の専門家や同じ関心領域の関係者とのコミュニケーション。ユーザーやステークホルダーの声のフィードバック。

コミュニケーションのストロークが多ければ多いほど、そのクオリティが高ければ高いほど、ものやサービスは磨き抜かれていく。つまり、商品やサービスのクオリティは職場の「人間関係」で決まる、と言えそうですね。

これも、「ネットワーク脳」の効用です。

だとすれば、同じことが、人間同士の「クレジット」の世界でも言えるんじゃあないでしょうか。

ある人に対して、他人からの信頼と共感による信任が与えられ「クレジット」レベルが上がるには、コミュニケーションのストロークが多ければ多いほど、そのクオリティが高ければ高いほどよい、と。

他人とのコミュニケーションを10回するか100回するか1000回繰り返すかで、その人物が揉まれ磨かれていく。原理は、野球の1000本ノックと同じ。

コミュニケーションも、どうやら体育会系の実技教科だったわけです。

あとがき

「認知症」になりやすい職業が二つあると介護の世界では半分内緒でささやかれています。

どんな職業だと思いますか？

「教師」と「裁判官」だそうです。

ある老人ホームの施設長にこれを聞いたとき、ちょっと考え込んじゃいました。でも、しばらくして「ああ、そうか！」と共通点が浮かんだ。

どちらも、つねに一段高いところから相手に接する職業なんですね。

自分の側に知識のすべてがあって、それを一方的に相手に与えていく仕事です。

だから人間関係が一方通行に陥りやすい。しかも、いつも上から下へと眺め降ろす視線で世界を観ることで、よのなかへの接し方まで固定されてしまうのかもしれません。

もちろん、コミュニケーションに長けた教師も裁判官もいらっしゃるでしょう。逆に、ほかの職業の方々にも、一方的なコミュニケーションに甘んじて、仕事を続けている人もけっして少なくないはず。

遺伝子を研究している知人のウケウリなのですが、昔、片目がもったいないといって眼帯をしたままで暮らした人が、使っていた片方の目が見えなくなったので、いよいよ眼帯をとってみたら、大事にとっておいたほうの目も見えなくなっていたという話をしてくれたことがあります。共通するものがありますよね。

「刺激されない脳細胞は殺せ」という命令を出す遺伝子があり、それを「アポトーシス」という言葉で呼ぶのだそうです。

人生、しっかりと双方向の人間関係をこころがけ、エネルギーを交流させていないと、はやくから、脳が錆《さ》び付いてしまう可能性があるということでしょう。

少なくとも、一方向ではない多層的で豊かな人間関係が、私たちの人生を彩り、幸福感の源泉になってくれるのは確かなこと。

いっぽう、人とまったく交流しないで、幸福感は味わえるのだろうかと想像してみましょう。

ひとりだからこそ味わえる至福のときも、たしかにある。

好きな作家の本を読んで満足するとか、映画を見ておもしろかったとか。陶芸に熱中してどんどん腕が上がるとか、ひとり明け方の空に現れる流れ星を拝めれば幸せだとか。

あるいは、事業を経営したり、国を動かしたりすることに強い喜びを見いだす人もいます。

でも、そのことを誰とも語り合えなかったり、誰からも共感されたり評価されたりしなかったならば、それでも、あなたは幸福でしょうか？

そう考えると、幸福感の半分くらいは、実は、人とつながっていることで得られるものではないかということに気づきます。

趣味や道楽も、それ自体の楽しさはもちろんありますが、やはり、会話が豊かになることで楽しい。会話によって渦巻くように仲間たちが引き寄せられる。そうした人間関係の妙が楽しさを倍加させてくれることには、疑いの余地はないでしょう。

だから、会話を核にして「人間関係」をつくるチカラが、幸福感を増加させる最強の武器になる。

フランス人などは、このことを〝アール・ド・ヴィーヴル（Art de vivre）〟という生活哲学の中で、こんなふうに表現します。

「元来孤独に存在しているはずの人間と人間をつなぐクリエイティブな会話こそ、幸福感の源泉であり、人生の豊かさそのものだ！」

なにもフランス人の真似をする必要はないのですが、この文章の中で〝人間と人間をつなぐクリエイティブな会話〟という部分を、この本で語り続けてきた〝！〟に変えて読んでくだされば、まったく同じことをいっていることがわかります。

そういえば日本では、一部のソムリエモドキの世界で、ワインの銘柄や産地のウンチクを語るのが目的化している傾向があるようだけれども、本来はワインだって、会話を豊かにするための道具《ツール》にすぎないはずですね。

交流のない人生は、豊かだとはいえない。

なんとなく人生つらいなぁ、なんか疲れたなぁ、へんだなぁと感じたときには、毎日の人間関係の中で、きっと受け取るエネルギーが赤字に近づいている証拠です。

さあ、「自分ネットワーク」という「見えない資産《インビジブル・アセッツ》」を豊かにすることから始めましょう。

ところで今日あなたは、だれと、どんな会話をしましたか？

文庫版あとがき　人間関係を再構築することが、「公《おおやけ》」の復興になる

これ以上、「公《おおやけ》」意識をないがしろにしたまま国づくりを進めれば、間違いなく日本は、その繁栄の歴史に幕を引くことになるだろう。

「美しい国」どころではない。ちょっと想像力を働かせてみれば、次のシナリオがまんざら絵空事ではないことが分かってもらえるはずだ。いずれも今日、日本ですでに起こっていることの延長上で、悪い方に転べば、現実化することだから。

＊　＊　＊

日本語は、テレビ語とケータイメール語に占領され、あちこちで言葉の齟齬《そご》によるコミュニケーション上のトラブルが頻発するようになる。じつは、いま起こっているイジメ問題のベースにもこのことがある。やがて、日本人同士の間でも通訳がいな

ければことが収まらなくなり、「あ、うん」の呼吸どころか、意思疎通自体に膨大な時間を要するチョー不便な国に成り下がってしまう。

産業界でも、会社組織の半分はアングロサクソンか、はたまた韓国、中国、インドの経営者の手に委ねられるようになるだろうから、社員間の上下のコミュニケーションも、英語を操る一部エリートを除いては問題が続出する。

学校が信頼をなくし、教育委員会がクレームと訴訟を抱えて裁判対策に膨大な時間を費やすようになる。文部科学省も、ますます「免責」のためにゴミのような通達を出すことにやっきになる。教員と生徒と保護者という三者面談でも話が通じなくなっていき、コミュニケーションの土俵をどこに置いていいかさえ、分からなくなる。

＊　＊　＊

伝わりにくい気持ちやコミュニケーションのギャップを前提にして、それでも人が生きることに保障を与えていた「地域社会」が、都市部で弱体化している。「公」という意識をないがしろにして、ひたすら「チョー便利社会」を追いかけたことで、町会の繋がりやお祭りなどの通過儀礼、商店街の交流という、面倒くさいが厚みのある人間関係を壊してしまったからだ。こうして、地域社会の特質だった、多様な人間を包み込む寛容性やゆとりが失われていった。

地域社会とは、本来、何丁目何番という住所地番のことを言うのではない。そこに住み、そこで人生を生きる人々のコミュニケーションの束《たば》そのものを指す。だから、日本が今失おうとしているものが、町会や商店会という組織ではなく、「コミュニケーション」そのものだということに、すべての日本人は早く気づくべきだろう。コミュニケーション技術の訓練の場が、地域という「公」の土俵なのである。

もう一つ想起してもらいたいのは、学校を含めた地域社会こそが、子どもを大人にする社会化の舞台だということ。

なぜなら、子どもは、もうそこでしか社会化される機会がないからだ。社会化という言葉を言い換えれば、「異質な他者とのコミュニケーションに揉まれること」である。

家庭は少子化と核家族化で、子どもを社会化する機能を低下させた。簡単に言えば、子どもは、兄弟や親戚や同居老人の少ない家庭では揉まれない。

だから、たくさんの子ども達が、大人になれないまま、カラダだけ大人になってしまった。そうした父親や母親も、現在のPTAのなかにいっぱい混じっているはずだ。

この社会が、まともな大人によって構成される社会であろうとするなら、もう一度、「異質な他者とのコミュニケーションに揉まれること」が可能な空間と時間を再構築するしかない。

その復興は、「チョー便利」とは裏腹の、時間と手間のかかる作業である。

私が和田中学校につくった「地域本部」という学校支援組織は、学校を核に地域社会を再生させようとする試みだ。

PTAのOGやOB、教師になりたい学生、地域のお年寄りなど60〜70人が学校内に組織を作って、放課後の図書室や土曜日学校の運営、英検協会と組んだ英語のアドバンスコース「英語Aコース」の開校、英検、漢検、模擬テストの実施、広大な敷地の緑の手入れ、教員の顧問がいない部活のコーチ、などを担当する。いまでは、平日でも、教員と同じ数の大人が常時出入りしている学校になった。

子ども達と地域のおニイさん、おネエさん、オジさん、オバさん、おジイちゃん、おバアちゃんに、親や先生とは違う「ナナメの関係」をつくってもらう場所だ。

子どもが育つには、直接利害関係のない大人との豊かな関係が大事なのである。

イジメへの対処も、親子とか先生・生徒という「タテの関係」だけではなかなか発見できにくい。

小学生も中学生も、それぞれに子どもながらプライドがあり、親や先生には言いにくいこともある。かといって友人同士の「タメの関係（ヨコの関係）」の調整能力はどうかというと、これも年々失われていっている。コミュニケーション下手が増殖しているからだ。中学生は、ケータイメールの機能でありがたいのが、面と向かっては照れて言えないことでも、メールなら「ゴメンネ」と簡単に伝えられることを挙げる。

だから、本来、地域社会が持っていた「ナナメの関係」でのコミュニケーションを学校の内部に復興すれば、子ども達がもう少し生きやすい社会になるはずだ。

「ナナメの関係」から、たくさん褒めてもらうことで自己肯定感を十分に持ったり、マナーを破れば怒られることから規律意識が芽生える、というように。

関わる大人の成長も著しい。

PTA活動ではないから、大人達は自分の息子や娘の直接の利害で働いているわけではない。「地域本部」活動のなかでは、この20~30年間、日本社会にはびこった「自分の気持ち中心主義」や「自分の息子・娘の利益主義」には、ご遠慮いただくことになるからだ。

本が好きだから放課後の図書室を運営するオバさんになって、部活に参加しない、どちらかといえば弱い子達の話し相手になる。教員志望の若い学生ボランティアが生徒達の土曜日の学習に関わりながら成長する姿を見守るのが嬉しいから、もう息子や娘は卒業しているのに土曜日学校の実行委員になる。芝生で子ども達と一緒に芝刈りをして、その後体操をするのが健康的だから、緑のボランティア（グリーンキーパーズ）に参加する。英語がもっと学びたくて、生徒と一緒に準2級や3級の試験に向けて勉強したいから「英語Aコース」のお世話役を任せてもらう。生徒を教えていると楽しいし、試合に勝ったときの感動を共有するのがたまらないから、剣道やテニスの部活のコーチを買って出る。

学校の中につくられた擬似的な「地域社会」でコミュニケーションの訓練をしながら、人間関係能力を磨いていく。

こうした、「学校を核に地域社会を再生させよう」というチャレンジが正しいと考えるなら、国はその「復興」に投資しなければならないだろう。

いわば、成熟社会における「公共事業」だからである。

成長社会において、「公共事業」とは、鉄とコンクリートに対する投資のことだった。道路や鉄道、空港や港湾設備などのインフラを整備すれば、それに乗って運ばれる経済が発展した。

いまは違う。成熟社会を生きる「人づくり」に投資することが、新しい「公共事業」の在り方であり、新しいインフラ整備になる。

成熟社会に必要なのは、バラバラになる人と人とのコミュニケーションを取り結ぶ地域社会のインフラ。良質なコミュニケーションの土俵をつくる「土木工事」だ。

けっして安くはないけれど、むやみに教員を増やすよりは、はるかに有効だと思う。

試算では、和田中学校（生徒数300人規模）で3年かかって築き上げた数十名の有償・無償のボランティアを機動的に動かす学校支援組織の運営費は、年間600万円程度。平均的な教員の一人当たりの人件費よりははるかに少ない。

「公」意識の再生は、即「国家主義」に結びつくわけではない。

学校を核に地域社会を再生させるための地道なコミュニケーションこそが、まともな「公」意識を持つ大人を育てるのである。

解説　人間関係のための宝石のようなノウハウ

茂木健一郎

藤原和博さんは、「ひとたらし」の達人である。

ある会に出席するために、山口県に行った時のこと。空港で降りたら、やはり会に参加される藤原さんと一緒になった。「こんにちは」と挨拶して、同じ車で主催者の手配によるホテルに向かった。

夜はもうかなり遅かった。私は仕事がたくさんあったので、部屋で大人しくしていようと決めていたが、藤原さんに「ああ、ラーメンが食べたいなあ。茂木さんもどうですか？」と言われた時、自分でも思ってもいなかったほど心が動いた。

藤原さんのとなりに座ってラーメンを啜りながらお話をするのはいかにも楽しそうだった。楽しい話の花が咲くだろう。どうしようかと思ったけれども、締め切りが切羽詰まっていたこともあり、「いや、私は今日はいいです」と言って部屋に上がってしまった。

机の前に座って仕事をしながら、やっぱり藤原さんとラーメンを食べに行けばよかったなあと心から後悔した。

達人というものは、たった一つの言葉の中にもそれまでの人生の蓄積を込めることができる。何気ないひと言のようでも、並の人とはやはり違う。「ああ、ラーメンが食べたいなあ。茂木さんもどうですか？」という一連の言葉を発するタイミング、呼吸、リズム。そこにはひと言では片付けられないような見事なノウハウ、人間通としての配慮が感じられたのである。

部屋に行って仕事をすることだけしか頭の中になかった私が、思わず心を動かされた。だからこそ、藤原さんとラーメンを食べに行かなかったことがずっと尾を引いていて、今でもこうして思い出している。

天は人の上に人をつくることはないが、人と人との関わりはそれぞれの人格の形成に大きな影響を与える。誰と出会うかというその偶然の出来事が人生を左右する重大事となる。個別の人間関係は、私たちがぼんやりと考えている以上に一人ひとりの人生を左右してしまうものなのである。

私は子どもの頃、蝶を夢中になって追いかけていた。専門家が使うような道具を使い、小学生対象の科学展などにも参加した。ずっと、ただ単に蝶が好きだったからそういう少年になったのだとぼんやりと考えていたが、振り返ってみるとそうではない。具体的な人との出会いがあったのである。

母親が、私が五歳くらいの時に、近所のお兄さんに紹介してくれた。そのお兄さんは、蝶を専門的にやっていた。大学で昆虫学を専攻されていたのである。私は、弱冠五歳にして専門家の手ほどきを受けたことになる。

何しろ、子どもの頃は、大人が何をやっているかなどということはぼんやりとしか認識していないものであるから、そのお兄さんが本格的な蝶の専門家であるということは当時の私にとって取り立ててマジメに考えるようなことではないように思われたのだろう。だからこそ忘れていたが、思い出してみるとまさにどんぴしゃりである。間違いなく影響を受けている。私の母親は「孟母三遷」こそしなかったが、人間が人間に与える感化力には敏感だったのかもしれない。

人と人との関係は難しく、深い。人間には個性があり、それぞれの過去、履歴がある。過去は動かし難いだけにかけがえがない。藤原さんが本書で述べられているように、子ども時代の思い出を振り返ることは相手の人となりを知り、心を開きあう上で大切なきっかけになる。昔日を振り返り、自分が依拠している基盤を「外」の目から認識する。そうすることが人生についての厳粛な思いに至らせ、目の前にいるその人をより大切に、真摯に見つめようという心の動きをもたらすのであろう。

藤原さんが本書で述べられている人間関係についての洞察は、どれも人間心理の本筋に沿ったものである。人間関係における「こうするべし」は、ある公理に基づいて導かれるものではない。一つひとつのエッセイが、藤原さんという達人のいきいきとした人生経験、さまざまな考察の積み重ねに基づいている。経験こそが人間にかかわる黄金の叡智をもたらしてくれることは間違いのない事実なのである。

藤原さんが現在一生懸命取り組まれている教育問題。藤原さんが学校における通常の人間関係を超えたネットワークを構築しようとされていることには共感する。地域でのボランティア活動をさせたり、老人ホームでのケアに参加させたりといった経験を通して、子どもたちの「自分ネットワーク」を充実させようとする藤原さんの試みは、生徒たちの人生にとって何よりのプレゼントになるに違いない。

子どもは、ある特定の人間関係だけを通して成長するのではない。もちろん、現在の核家族化の状況の下で、一緒に過ごす時間の長い両親や教師の役割は大きいが、絶対唯一のものではない。祖父母、近所のおじさん、親戚の人たち、同世代の友人たち。子どもたちを取り囲む人間関係の複雑さ、豊かさが、そっくりそのまま子どもの脳を成長させる大切なきっかけになるのである。

近年の脳科学や認知科学の研究においては、知性とは社会的なものであるということが常識になりつつある。数学の問題を解いたり、常識的な知識を身につけておくことも大切だけれども、何よりも重要であり難しいことは、他人といきいきとコミュニケーションをしながら学んでいく社会的知性であるという考え方が支配的になってきているのである。

社会的な知性を身につける上で働く脳のネットワークにはさまざまなものがあるが、一つの重要な知見として、「ミラーニューロン」の存在がある。前頭葉にあるこの神経細胞は、自分がある行動をする時にも、他人が同じ行動をするのを観察している時にも活動する。ちょうど、鏡に映したように自分の行動と他人の行動の両方を表現しているということで、「ミラーニューロン」と名付けられたのである。

ミラーニューロンは、他人の心を理解する上で大切な役割を果たしていると考えられている。「相手がこのような行動をするということは、自分の場合だとこのような行動に相当するから、その時の気持はこのようなものに違いない」といった「推測」に関わるのである。

ミラーニューロンを通して、私たち自身の心と、他人の心が結びつけられる。私たちは、他人と接していることで、知らず知らずのうちにお互いを映し合い、影響を与え合っているのである。

もちろん、そのプロセスは必ずしもスムーズなものではない。本書にもあるように、「気まずい沈黙」が続くこともある。そのような時でも、私たちの脳の中ではミラーニューロンが働き続けている。お互いの沈黙を推しはかって、相手の心を読み取ろうとする無意識の機能が作動しているのである。

だからこそ、沈黙が終わった時には相手から思わぬ助け船がでることもある。どんなに難しい状況でも、相手に向き合うことの大切さ。藤原さんご自身の貴重な経験に基づいた方法論は、現代の脳科学の視点から見ても、納得の行くものが多いのである。

相手と話をする時の、目線や姿勢の働き。どうしても気が合わない時に、どうすれば良いか。自分自身の中にある負の要素を、どうやって相手にうまくさらけ出すか。

人間関係という複雑で予想のつかない現場でもっとも大切なことは、相手によって自分の考え方、やり方をフレキシブルに変えていくことである。この難しい課題をクリアするためのキラキラと輝く宝石のようなノウハウを、藤原さんは惜しげもなく公開してくださっている。

「あなたのチカラの半分は、他人のチカラで成り立っている」と藤原さんは言う。人間関係を進める上でこれ以上大事な認識はないだろう。自分の人生の半分を他の人々に預けるくらいの濃密で信頼に満ちた人間関係があってこそ、本当にいきいきとした生活が生まれる。コミュニティを重視する藤原さんのヴィジョンは、これからの時代にますます重要なものになってくることだろう。

それにしても、あの夜、藤原さんとラーメンを食べなかったことが悔やまれる。今度藤原さんのあの笑顔で「茂木さん、ラーメンを食べませんか」と誘われたら、どんなに仕事があっても、疲れていても「はい！」と大きな声で応えたいと思う。

（脳科学者）

本書は、かんき出版より刊行された『対人関係』（二〇〇二年一月）に加筆訂正したものである。

ちくま文庫

人生《じんせい》の教科書《きょうかしょ》［人間関係《にんげんかんけい》］

二〇〇七年 四 月 十 日 第一刷発行
二〇一八年十一月二十五日 第四刷発行

著 者 藤原和博（ふじはら・かずひろ）
発行者 喜入冬子
発行所 株式会社 筑摩書房
東京都台東区蔵前二―五―三 〒一一一―八七五五
電話番号 〇三―五六八七―二六〇一（代表）
装幀者 安野光雅
印刷所 三松堂印刷株式会社
製本所 三松堂印刷株式会社

ISBN978-4-480-42318-4 C0195